rororo

Vor dem Hintergrund der Französischen Revolution, des deutschen Idealismus, der Berliner Salons und der preußischen Kriegs- und Reformpolitik zeichnet Dagmar von Gersdorff das lebendige Bild einer ebenso außergewöhnlichen wie tragischen Liebe bei Hofe.

Dagmar von Gersdorff, geboren 1938, promovierte über Thomas Mann, gab einen umfangreichen Bildband über «Liebespaare» heraus und schrieb die erste Biographie der Sophie Brentano-Mereau. Darüber hinaus edierte sie deren Briefwechsel mit Clemens Brentano.

Weiterhin erschien «Bettina und Achim von Arnim. Eine fast romantische Ehe» (rororo 23240). Außerdem ist sie Mitautorin von «Deutsche Schwestern. Vierzehn biographische Porträts» (rororo 60710). Dagmar von Gersdorff hat drei Kinder und lebt in Berlin.

Dagmar von Gersdorff

Königin Luise und Friedrich Wilhelm III.

Eine Liebe in Preußen

Rowohlt Taschenbuch Verlag

3. Auflage Juni 2007

Ungekürzte Ausgabe
Veröffentlicht im Rowohlt Taschenbuch Verlag,
Reinbek bei Hamburg, Dezember 2002

Umschlaggestaltung Susanne Heeder
(Abbildung: «Friedrich Wilhelm III.»
von François Gérard, um 1810 / Bildarchiv
Preußischer Kulturbesitz,
«Königin Luise» von Joseph Grassi, 1802 /
Bildarchiv Preußischer Kulturbesitz)
Bildnachweise siehe S. 321
Satz Palatino PostScript (PageOne)
Gesamtherstellung Clausen & Bosse, Leck
Printed in Germany
ISBN 978 3 499 33192 3

Inhalt

Sollte man nicht sagen, daß es thöricht wäre, sich eine Frau zu nehmen, der man so mit Leib und Seele zugethan ist, daß einem alles übrige gleichgültig bleibt? … Gott – warum sollen wir nicht unser junges Leben in Freuden genießen. Adieu.

Friedrich Wilhelm
(Petrikau, 7. Juni 1794)

Gestern bei meiner Rückkehr von Charlottenburg fand ich zwei von Deinen lieben Briefen vor … Mein einziger Freund; habe ich in Dir nicht aber auch alles verloren? … Wo soll ich jemanden finden, der Dir gleichen könnte – Du bist auch der einzige, der mein ganzes Glück ausmacht, und ohne Dich gibt es keines für mich.

Luise
(Sanssouci, 15. Juni 1794)

Für Constanze von Gersdorff

«Empfänglich für weibliche Anmuth und Reize»

Fürstliche Heiratspläne

Europa um 1800 ist beherrscht von Ereignissen, wie sie sich gegensätzlicher kaum denken lassen. Alte Dynastien verschwinden, das Heilige Römische Reich Deutscher Nation geht in die Brüche, die schwedischen und spanischen Herrscher werden verjagt, und in Frankreich erreichte die Revolution ihren grausamen Höhepunkt: König Ludwig XVI. und Marie Antoinette wurden öffentlich enthauptet.

Ganz anders in Deutschland. Hier schreibt Herder seine *Briefe zur Beförderung der Humanität*, hier verfaßt Schiller seine Abhandlung *Über Anmut und Würde*; in Preußen wechselt ein junges Fürstenpaar die Verlobungsringe, und alles deutet auf eine für Jahrhunderte gefestigte Dynastie der Hohenzollern hin.

Ahnungsloser und unerfahrener als Friedrich Wilhelm und die junge Luise stand wohl kaum ein Thronfolgerpaar politischen Umwälzungen gegenüber. Waren die beiden zu unpolitisch erzogen, oder waren sie allzusehr mit sich selbst beschäftigt, um zu erkennen, daß Krieg, Entmachtung, Vertreibung auch sie treffen könnten? Wie stellten sie sich den Anforderungen ihrer Zeit? Groß war die Kluft zwischen der politischen Realität und ihrem Ideal vom privaten Glück, das sie selbst in extremen Situationen verwirklichen wollten wie noch kein preußisches Herrscherpaar vorher. Doch um welchen Preis? Waren sie sich ihrer Verantwortung bewußt?

Die großen, teils blutigen, teils hoffnungsvollen Begebenheiten, die ihre Ehe begleiteten, auf die Probe stellten und erschütterten, lassen ein positives Fazit zu. Während Napoleon Europa mit Krieg überzog, sollte Preußen im Schutz des «Baseler Friedens» eine ungeahnte geistige Blüte erleben. Daran hatte der junge König keinen geringen Anteil. Er holte hervorragende Gelehrte ins Land, und seine Residenzstadt stieg zu einem der bedeutendsten Zentren Europas auf. Im königlichen Auftrag gründete Humboldt die Universität, erbaute Schinkel «das klassische Berlin». Museen, Oper und das neue Schauspielhaus, an dem Schiller und Goethe aufgeführt werden, lassen eine Hauptstadt des Geistes entstehen. Obwohl nie zuvor und nie danach ein preußischer Herrscher so gedemütigt wurde wie Friedrich Wilhelm III., konnte er noch im Exil Kräfte zur Erneuerung des Staates mobilisieren, Menschen wie Stein und Hardenberg, Scharnhorst und Gneisenau, Fichte und Humboldt für sein Land gewinnen.

«Preußens große Zeit» war eine Zeit der persönlichen Bewährung – mehr denn je. An ihrem Beginn steht die Begegnung des jungen, ernsten und zurückhaltenden Thronfolgers mit einer lebhaften, anziehenden jungen Frau, der erst siebzehnjährigen Prinzessin Luise, die er im Frühjahr 1793 kennenlernt.

«Ich umarme Sie in Gedanken, aber ich hoffe, es morgen in Wirklichkeit zu können ...» – «Nun ist aber die Frage, ob Ihnen an mir gelegen ist? Antwort! ...»

Der hier schreibt, ist von Natur schüchtern und wortkarg. Es war bekannt, daß Kronprinz Friedrich Wilhelm sich nicht äußern konnte, seine Sätze in ungeschickt abgehackten, möglichst unpersönlichen Wendungen formulierte. In allem war er das Gegenteil seines galanten, weltmännischen Vaters, und sogar Friedrich dem Großen, der den Unterricht des Prinzen noch persönlich überwacht hatte, war seine kühle Verschlossenheit aufgefallen. Man müsse ihn zum Sprechen bringen, seine Phantasie zu wecken suchen, hatte er verlangt – vergebliche Mühe nach jahrelanger falscher Erziehung. Der Thronfolger, seelenlos erzogen und hart behandelt, blieb wortkarg und reserviert. Um so erstaunlicher ist nun der Tonfall seiner Briefe – dieser intimen, durch eingestreute Skizzen, Bleistiftzeichnungen und Noten sehr privaten Dokumente, denen Ernst und Schwermut ein doppeltes Gewicht verleihen.

«Meine Zuneigung für Sie wächst an jedem Tage, an dem ich Sie sehe, und macht mir die lange Zeit, die wir noch warten müssen, ehe wir uns ganz vereinigen können, vollends lang und unerträglich …»

Der Kronprinz wirkte wie umgewandelt, und niemand hatte mit dieser Veränderung gerechnet. Graf Lucchesini, Diplomat im Dienst des Königs Friedrich Wilhelm II., beobachtete ihn: noch nie hatte er den Prinzen so viele Bögen beschreiben sehen! «Sie werden sicherlich sehr erstaunt sein, meine teuerste Freundin, immerfort Briefe von mir zu erhalten. Aber da ich auf so lange Zeit des Vergnügens beraubt bin, die zu sehen, die ich liebe ...» Dieser Thronfolger, von dem Massenbach behauptete, er sei wie eine Pflanze «in den Sandwüsten Potsdams vertrocknet», schreibt: «Ich fühle mich als der glücklichste Sterbliche auf der Erde ...»

In einer Flut von Briefen, oft zwei an einem Tag, teilt sich eine ungeahnte Zärtlichkeit mit. «Gute Nacht, meine liebe Luise, ich wäre sehr glücklich, von Ihrer kleinen Person zu träumen ...» Auch wenn sich diese Briefe sonst mit Kriegsberichten und preußischen Heeresbewegungen befassen, haben sie doch nur eines zum Inhalt: sein Staunen über das Wunder, das ihm in dieser Frau begegnet war.

Eheschließungen bei Fürstenkindern waren zu keiner Zeit eine rein private Angelegenheit. Immer standen dynastische Fragen, politische Konstellationen, Machtansprüche im Vordergrund. Die europäische Geschichte ist bis zum Ende des 19. Jahrhunderts von derartigen Allianzen gekennzeichnet. Erbauseinandersetzungen, Gebietserweiterungen, Grenzsicherungen waren wichtiger als persönliche Zu- oder Abneigung. Besonders für die Ehe des Thronfolgers galten strenge Gesetze. Eigene Wünsche gab es nicht, seine Aufgabe waren der Fortbestand des Herrscherhauses, die Sicherstellung der Dynastie, die Zukunft des Staates.

Von Liebe war bei diesen Ehen weniger die Rede. Sollte sie sich einstellen, galt sie eher als eine erfreuliche Zugabe. Das war in Preußen nicht anders als bei den übrigen europäischen Fürstentümern. Friedrich der Große hat seine Gemahlin Elisabeth Christine keines Blickes gewürdigt; sie alterte einsam in Schloß Schönhausen. Seine Eltern, Friedrich Wilhelm I. und die kluge Sophie Dorothea, respektierten sich immerhin, aber seine fünf Schwestern, auch die geliebte Wilhelmine von Bayreuth, wurden zu ungewollten Ehen genötigt. Sein Bruder Heinrich haßte die ihm Angetraute und blieb in Rheinsberg, während die kapriziöse Wilhelmine von Hessen-Kassel sich in ein Stadtpalais zurückzog. Friedrichs Neffe und Nachfolger, Friedrich Wilhelm II., wurde gezwungen, in zweiter Ehe – die erste war wegen beiderseitiger Untreue geschieden worden – eine Frau zu heiraten, die er nie zuvor gesehen hatte, und Friederike von Hessen-Darmstadt war ihm körperlich und geistig zuwider. Das älteste von insgesamt acht Kindern aus dieser unsäglichen Ehe war der 1770 in Potsdam geborene Kronprinz Friedrich Wilhelm.

Der Thronfolger hatte die Heiratsdiplomatie, die aus der Ehe seiner Eltern eine tragische Farce machte, hassen gelernt, und er war entschlossen, nur dann eine Frau zu nehmen, wenn er sie wirklich lieben und achten konnte. Vor diesem Hintergrund erscheinen die Liebesbriefe des preußischen Kronprinzen als eine seltene Kostbarkeit.

«Ich glaube Sie versichern zu können, daß meine Liebe zu Ihnen sich durch unsere Trennung nicht etwa verringert, sondern im Gegenteil noch verstärkt, und daß der Augenblick, wo Sie meine Gattin sind, der glücklichste meines Lebens sein wird.» Nie zuvor hatte er Gefühle wie diese auch nur in Worte zu fassen versucht. Eine seelische Eruption mußte vorgefallen sein, um den skeptischen, in sich gekehrten Menschen von seiner Zurückhaltung zu befreien.

Seit dem Sommer 1792 stand der preußische König, Friedrich Wilhelm II., gemeinsam mit Kaiser Franz von Österreich im Krieg gegen das revolutionäre Frankreich. Es ging um die Wiederherstellung der französischen Monarchie und um die Rückgewinnung Elsaß-Lothringens. Zum erstenmal befanden sich auch die beiden ältesten Söhne des Königs, Friedrich Wilhelm und Ludwig, bei den Truppen.

Im September 1792 kam es unter dem Oberbefehl von Herzog Ferdinand von Braunschweig zur Kanonade von Valmy, die Goethe im Stabe des Herzogs Karl August von Sachsen-Weimar miterlebt und als *Campagne in Frankreich 1792* geschildert hat: «Von hier und heute geht eine neue Epoche der Weltgeschichte aus.» Den Kronprinzen aber machten die grauenvollen Erlebnisse, die er seinem Tagebuch anvertraute, zu einem entschiedenen Kriegsgegner. («Ich sah einen Soldaten, der mit nackten Füßen und Beinen unterm Gewehr stand … überhaupt sind keine Worte hinreichend, um den Jammer und das Elend zu schildern …») Die Beschießung blieb strategisch erfolglos, aber durch den Rückzug der Verbündeten ermutigt, gingen die französischen Revolutionäre zum scharfen Gegenangriff über. Speyer fiel ihnen in die Hände, am 21. Oktober 1792 auch Mainz, und am Tag darauf wurde

Frankfurt von General Graf Custine besetzt. Der preußische König wagte, entgegen den Ratschlägen des braunschweigischen Herzogs, die Rückeroberung der Stadt. Sie gelang: am 2. Dezember 1792 mußten die Franzosen die Freie Reichsstadt räumen. Custine, nach Paris zurückgekehrt, wurde des Hochverrats bezichtigt und mit Frau und Sohn hingerichtet. Das Terrorregime fanatischer Revolutionäre suchte und fand seine Opfer. Im Januar 1793 fiel der Kopf des französischen Königs Ludwig XVI. unter dem Beil der Guillotine, neun Monate später wurde Königin Marie Antoinette öffentlich enthauptet. Er vermute, schrieb Friedrich Wilhelm an seine Braut, die Mörder würden keine Ruhe geben, bis alle Bourbonen hingerichtet seien. Daß auch der eigene Thron wanken könnte, scheint er nicht bedacht zu haben. Doch die Revolution war im Begriff, ganz Europa mit Krieg zu überziehen.

Bei seinem Einzug in Frankfurt wurde der preußische König von der Bevölkerung mit Jubel empfangen: dem hohen Besuch zu Ehren begann eine glänzende Ballsaison. Man überbot sich, dem König und seinen Söhnen den Aufenthalt so angenehm wie möglich zu machen, und noch Jahrzehnte später schwärmte der sonst so nüchterne Kronprinz von diesen «vergnügtesten Zeiten in Frankfurth am Mayn». Die angesehensten Familien luden zu prächtigen Festen ein, Opern- und Schauspielhaus profitierten von den illustren Gästen. Außer den preußischen Prinzen waren der Herzog von Sachsen-Weimar, die Prinzen von Hessen, Nassau und Württemberg, die Herzöge von York und Oranien anwesend, sie alle mit einem Strom von Gästen und Neugierigen im Gefolge – Frankfurt schwelgte im Freudenrausch.

Der König, noch keine Fünfzig und eine imponierende, stattliche Erscheinung, genoß seine Popularität. Der notorische Schürzenjäger, ein Leben lang in erotische Affairen verwickelt, entbrannte auch diesmal in offenbar unbezwingbarer Leidenschaft. Bei einem Ball im Hause des Bankiers von Bethmann-Metzler wurde ihm dessen blendend schöne neunzehnjährige Tochter Sophie vorgestellt, in die er sich augenblicklich heftig verliebte. Es entmutigte den Herrscher nicht, keine Gegenliebe zu finden; er umwarb sie desto leidenschaftlicher und machte ihr schließlich, fast der Verzweif-

Der Vater, Friedrich Wilhelm II. (1744–1797), Neffe und Nachfolger Friedrichs des Großen, machte durch Günstlings- und Maitressenwirtschaft aus Preußen ein hochverschuldetes Land.

lung nahe, einen Heiratsantrag, aber sie wies ihn, wie auch die übrigen königlichen Gunstbeweise, verlegen zurück.

Von dieser neuen Affaire ahnten die Söhne nichts, am wenigsten der erotisch unerfahrene Kronprinz, dessen Wesen niemand durchschaute. Er war noch nicht dreiundzwanzig Jahre alt, sehr groß und schlank, was er durch eng anliegende Uniformen und hohe Stiefel betonte. Sein ernstes Gesicht unter dunklen, damals noch gepuderten Haaren, die im Nacken in einen Zopf gebunden wurden, wirkte schmal, sein Blick eher skeptisch als freundlich. Seine Zurückhaltung wirkte irritierend, seine Unnahbarkeit erregte Neugierde. Eins war sicher: eine glückliche Kindheit hatte dieser Prinz angesichts der miserablen Ehe seiner Eltern nicht gekannt. Sein eigener Vater zitterte vor den Wutausbrüchen und dem Zynismus des alleinregierenden großen Friedrich und gab dessen Strenge an den Sohn weiter. «Man breche ihm den Eigensinn und halsstarrigen Willen, der ihm nur von Nachteil sein kann», lautete der Befehl.

Mit vier Jahren wurde der Prinz von seinen Eltern getrennt und siedelte mit dem Erzieher

Behnisch in eine möblierte Wohnung im Potsdamer Schloß über. Nicht sein Vater, sondern der über alles wachende siebzigjährige Friedrich der Große hatte das Kommando über den Enkel, der für den Thron erzogen wurde. Die strengen Instruktionen des alten Königs, seine disziplinarischen Maßnahmen wären bei einem anderen Charakter vielleicht geeignet gewesen – das sensible Kind hemmten sie in seiner Entfaltung, machten es unselbständig und verstockt. Es war, wie Hardenberg sagte, eine Erziehung, «der das Leben fehlte».

Mit sieben Jahren erhielt der Prinz von Friedrich dem Großen seine erste Uniform. Dieses Geschenk, schrieb der Junge in steifer, französischer Kinderschrift, mache ihm eine unaussprechliche Freude (joÿe). «Nein, Sire, nie werde ich den Tag vergessen, an dem ich das Glück hatte, mich Ihnen zu nähern – Votre petit neveu Frederic Guillaume.» Mit zehn bedankte er sich bei Friedrich dem Großen für ein Reitpferd. («... und dieses Geschenk läßt mich aufs Neue, Sire, die Gnade erkennen, die Sie mir entgegenbringen. Ich werde immer bestrebt sein, Ihnen zu gefallen und dankbar zu sein, solange ich lebe.») Vierzehn Briefe des heranwachsenden Thronfolgers sind erhalten, auf deren Rückseiten der Preußenkönig mit Bleistift rasch seine Antworten hinwarf: «Mühe geben was zu lernen, dann ihn lieb haben», liest man in deutscher Sprache.

Den Elfjährigen zwang sein Erzieher, seine Ungezogenheiten selber ins Tagebuch zu schreiben. «Gegen dreyviertel auf 10 Uhr fing ich an, in der Brandenburgischen Geschichte zu lesen, ich führte mich sehr schlecht auf, so ging es zu ... Ich ärgere mich sehr darüber, daß ich dieses in mein Tagebuch schreiben muß.»

Es besteht kein Zweifel, daß das von Behnisch angeordnete «Tagebuch» eher ein Schandbuch war und die Funktion hatte, den Schüler zu beschämen. «Bei Mama war ich zuerst sehr wild und ungezogen, aber dann dachte ich an mein Tagebuch. Und ich wollte sehr ungerne meine Schande schreiben.» Unübersehbar, daß das übergroße Schuldgefühl und das mangelnde Selbstvertrauen, das ihm später zum Vorwurf gemacht wurde, durch diese Art von Tagebuch noch verstärkt wurde. Auch existieren genaue Aufzeichnungen darüber, wann der Elfjährige seine Mutter in ihrem Haus in der Potsdamer Schwerdtfegerstraße besuchen durfte. Regelmäßig zwischen sieben und neun Uhr abends werden er und der drei Jahre jüngere Ludwig, genannt Louis, zu ihr gebracht. Die Kinder bewarfen sich auf ihrem Balkon mit Vogelbeeren, und nach jedem Streit erzählte der Ältere zur Versöhnung seinem kleinen Bruder eine Geschichte.

Die Mutter, Friederike von Hessen-Darmstadt, die in einer «sehr widerwärtigen Ehe» lebte, war eine unscheinbare Frau. «Die Königin», berichtet Ludwig von der Marwitz, war eine höchst seltsame Person. «Sie sah Gespenster und Geister, schlief bei Tage, wachte bei der Nacht, hatte immer zu große Hitze, so daß sie im Sommer und Winter im Hemde am offenen Fenster saß, wurde vor der Zeit häßlich und krumm – kurz, sie war ein unangenehmes Frauenzimmer, von niemandem geliebt.» Graf Mirabeau, französischer Diplomat am preußischen Hof, nennt sie «schwach und wankelmütig» und bescheinigt ihr einen «unruhigen Charakter»; über den fünfzehnjährigen Thronfolger bemerkte er: «Vielleicht reift dieser junge Mann einst zu großen Bestimmungen heran.»

Als Friedrich der Große starb, war Friedrich Wilhelm sechzehn Jahre alt. Sein Besitz bestand in «zwei Dutzend Hemden, sechs Bettüchern, elf Tassen und zwei goldenen Uhren», Taufgeschenke der beiden Großmütter. Als er am Sarg des großen Toten stand, weinte er. Der Prinz war schüchtern, aber von weichem Gemüt und sehr hilfsbereit; er konnte niemanden leiden sehen und haßte den Krieg. Später bei seiner Hochzeit durfte die Stadt Berlin nicht illuminiert werden, weil er das Geld für die Armen vorgesehen hatte.

In Frankfurt fühlte sich der Kronprinz in jenem Frühjahr 1793 wohl und genoß die Feste, die ihm zu Ehren gegeben wurden, als die schönste Zeit, die er bis dahin erlebt hatte. Er wurde allgemein respektiert und geachtet – nur Faszination ging nicht von ihm aus. Keinesfalls war er ein Draufgänger, Hasardeur und Verschwender wie Prinz Louis Ferdinand, glänzendste Erscheinung jener Tage, gewandt, temperamentvoll und gebildet, dazu mit einer Musikalität begabt, die selbst Beethoven, mit dem er sich anfreundete, beeindruckte. Louis Ferdinand war furchtlos und tatendurstig, von seiner Tapferkeit sprach alle Welt. Gerade hatte er sich im Feldzug gegen die Franzosen zu Friedrich Wilhelms Ärger ausgezeichnet; seine Verwundung ließ er jetzt von einer schönen, aber verheirateten Geliebten in Mannheim pflegen.

Für amouröse Abenteuer, wie der Vetter sie reichlich genoß, hatte Friedrich Wilhelm nur Verachtung übrig. Die späteren Auseinandersetzungen zwischen diesen gegensätzlichen Charakteren waren schon damals im Keim angelegt. Über den Kronprinzen kursierten keine Gerüchte, gab es keine zweifelhaften Anekdoten. Dennoch erfüllte ihn die Bewunderung, die dem Jüngeren zuflog, mit Neid. Der umworbene Held, genial, souverän und großzügig, Liebling der Frauen und Abgott der Armee, das war Louis Ferdinand, nicht er.

Es fiel auf, daß der Kronprinz keine Freunde besaß. Niemand hatte ihn je anders als in Begleitung seines Adjutanten Johann Georg von Schack gesehen. Friedrich Wilhelm war ungesellig und ungewandt, duldete außer seinem Bruder Ludwig niemanden in seiner Privatsphäre, und sein eigenbrötlerisches Wesen erschwerte jede Annäherung. Auch eine Freundin, der er sich hätte anvertrauen können, schien er nicht gefunden zu haben, obgleich er selber der Meinung war, «jederzeit sehr empfänglich für weibliche Anmuth und Reize» gewesen zu sein. Mißtrauische Zurückhaltung und psychische Ängste herrschten, wie in allen seinen Beziehungen, auch in seinem Verhältnis zu Frauen.

Das Erlebnis einer neuen Leidenschaft und der wohlmeinende Empfang durch die Frankfurter Bürger versetzten den preußischen König in Hochstimmung. Er beschloß aus heiterem Himmel, den unerfreulichen Krieg – der noch keineswegs beendet war – durch ein erfreuliches Ereignis zu unterbrechen und seine ältesten Söhne passend zu verheiraten. Es war sein Schwager, Prinz Georg von Hessen-Darmstadt, der ihn auf diese Idee gebracht hatte. Er erzählte ihm in glänzender Laune von seinen in Darmstadt lebenden Nichten, den Prinzessinnen von Mecklenburg-Strelitz, die er als ebenso anmutig wie artig, ebenso vernünftig wie vertrauenswürdig schilderte. Nach allem, was der König erfuhr, kamen sie als Heiratskandidatinnen für seine Söhne durchaus in Betracht. Unter der Hand ließ er durch einen Gewährsmann, den Grafen Lucchesini, weitere Erkundigungen einziehen.

Gemeint waren die beiden jüngsten, noch unverheirateten Töchter des Herzogs Karl von Mecklenburg-Strelitz, Luise und Friederike. Die Mädchen, in Hannover geboren, wo ihr Vater als Gouverneur des englischen Königs residierte, hatten früh die Mutter verloren und waren bei ihrer Großmutter aufgewachsen, der Landgräfin Marie Luise von Hessen-Darmstadt. Bei ihr fanden die Halbwaisen eine Geborgenheit, wie sie Fürstenkindern nur selten beschert war. In umsorgter Freiheit – ohne die sonst übliche Einengung durch Reglementierung und Hofetikette – hatten sie eine glückliche Kindheit erlebt. «Die Prinzessinnen von Mecklenburg sind wunderbar schöne Damen, äußerst liebenswürdig und lustig und küssen sehr gern; die ältere soll dem Prinzen von Wales bestimmt sein», teilte 1791 die Schauspielerin Caroline Jagemann, alias Frau von Heygendorff, alias Maitresse des Herzogs Karl August von Sachsen-Weimar, ihrer Mutter mit.

Luise und Friederike waren weder verzärtelt noch verzogen, sondern eigenständig und relativ selbstbewußt. Zwar schien der Unterricht, den sie erhielten, eher mittelmäßig zu sein, doch das störte den König nicht, im Gegenteil, zuviel Wissen war bei Frauen unangebracht und der erwünschten Fügsamkeit abträglich. Auch waren die Prinzessinnen noch recht jung: Friederike wurde fünfzehn, Luise siebzehn Jahre alt.

Luise, erfuhr man, war der Liebling der alten Landgräfin und entschieden die temperamentvollste unter den vier Töchtern des Herzogs, fröhlich bis zur Albernheit, aber auch einsichtig und anpassungsfähig. Zwar verfügte sie weder über die ungewöhnliche Musikalität der beiden älteren, inzwischen verheirateten Schwestern Charlotte und Therese, noch über den Charme der jüngeren Friederike – ihre Vorzüge bestanden in einem klaren, durchdringenden Verstand, rascher Auffassungsgabe und einer untrüglichen Menschenkenntnis. («Meine Frau», so Friedrich Wilhelm, «hatte unendlich vielen natürlichen und richtigen Verstand und einen ebenso richtigen, prüfenden Überblick.») Im Aussehen stand sie den «schönen Schwestern», wie Jean Paul bemerkte, keineswegs nach. Sie war hochgewachsen und schlank, dunkelblond und von blühender Gesichtsfarbe («wie eine Rose», sagte der Herzog). Sie verstand es, Herzlichkeit und Distanz zu vereinbaren («Wo es auf

Repräsentation ankam, konnte sie mit Würde erscheinen», erklärte Friedrich Wilhelm. «Sie wußte aber, daß sie gefiel, und daß man sich ihr gern nähern mochte ...»).

Luise galt als lebenslustig, tanzwütig und eitel, aber im Kern war sie nachdenklich und von tiefer Gläubigkeit. Gegensätzliche Eigenschaften charakterisierten sie: strahlende Heiterkeit neben tiefem Ernst.

Allerdings fehlte ihr die Gewandtheit ihrer Schwester Friederike. Ein Jugendfreund Friedrich Wilhelms, Ludwig von der Marwitz, der die Schwestern bei der Hochzeit kennenlernte, nennt Luise nicht eigentlich schön, ihre Hände zu breit, ihre Gestalt zu schlank. Friederike dagegen war zierlich, besaß «einen kleinen Fuß, kleine, schalkhafte Augen, großen Mund und einen starken Anflug von Koketterie». Sie war, nach Friedrich Wilhelm, die Verführerische von beiden und konnte alle Männer problemlos um den Finger wickeln.

Das Interesse des Königs, die jungen Damen selber in Augenschein zu nehmen, wuchs bei jedem Wort, und der Umstand, daß man sich nicht in Berlin, sondern mit dem Hauptquartier in Frankfurt am Main, somit in angenehmer Nähe zu Darmstadt befand, schien das Problem einer Begegnung auf einfache Weise zu lösen. Er äußerte den Wunsch, den Verwandten in Darmstadt einen überraschenden Besuch abzustatten, und erschien am 11. März 1793 mit beiden Söhnen persönlich im Alten Palais.

Was sie vorfanden, war ein menschenleeres Haus. Niemand hatte ihnen hinterbracht, daß die Landgräfin mitsamt ihren Enkelinnen nach Thüringen geflohen war, als die Franzosen Speyer und Worms besetzten und in Darmstadt einzurücken drohten. In Todesangst, schrieb Luise am 2. Oktober 1792 an ihre Schwester Therese von Thurn und Taxis, sitze die Familie beisammen. «Wir wissen noch nicht, wo diese Brigantenhorden eigentlich hinauswollen. Sie sind ungefähr noch zwölf Stunden von uns entfernt. Wenn sie auf Darmstadt marschieren … werden wir fliehen.»

Täglich wuchs die Gefahr. Im Alten Palais packte man das Notwendige ein. Luise konnte vom Balkon des Darmstädter Schlosses aus die chaotischen Zustände in der Stadt beobachten: hochbeladene Kutschen mit französischen Emigranten, Pferdewagen, Reiter, Fouragewagen,

Flüchtlinge zu Fuß, verwundete Franzosen, versprengte Husaren verstopften die Straßen. Der Bischof von Speyer unterbrach seine Flucht und übergab dem Landgrafen seine Kasse. Nun wartete auch die Großmutter nicht länger, sie ließ die Reisekalesche anspannen und brach mit den Enkelinnen und deren Brüdern Georg und Karl nach Hildburghausen auf, wo Luises älteste Schwester, die vierundzwanzigjährige Herzogin Charlotte von Sachsen-Hildburghausen, in relativer Sicherheit lebte. Bei ihr war die Familie zum Jahreswechsel 1792 vollständig versammelt, nachdem auch Therese Fürstin von Thurn und Taxis und der Vater, Herzog Karl von Mecklenburg-Strelitz, eingetroffen waren.

Charlotte, die Hausherrin, dunkelhaarig und schwarzäugig, war unter den Schwestern die begabteste. Sie malte, zeichnete und sang, interessierte sich leidenschaftlich für Musik und Literatur und war bemüht, trotz der finanziellen Dauermisere eine Art Musenhof an ihrer kleinen Residenz einzurichten. Der Komponist Johann Friedrich Reichardt, Hofkapellmeister des preußischen Königs, und der Musiker Guiliani gaben ihr Gesangunterricht. Jean Paul, der beliebte, von Frauen umschwärmte Dichter, war häufig ihr Gast. Er überreichte den vier fürstlichen Schwestern seinen *Titan* mit einer Widmung, in der er sie zur Erde herabgestiegenen Göttinnen verglich – Luise versah er dabei mit der Rolle der Aphrodite!

Das Leben in Hildburghausen war viel abwechslungsreicher und aufregender als in Darmstadt; es gab Maskeraden und Landpartien, Schauspiele und Konzerte, und es gab auch eine große alte Schloßbibliothek, in der Luise die Schriften Herders für sich entdeckte und seine Verse in ihr Heft schrieb. Der Aufenthalt hätte nach Meinung der Geschwister unbegrenzt dauern können. Den 10. März 1793 beging man mit einem großen Fest: Luise wurde siebzehn Jahre alt.

Es blieb nicht aus, daß die Heiratspläne des Königs durchsickerten. Die Prinzessinnen, die er ins Auge gefaßt hatte, waren eng mit seiner Frau verwandt, einer hessischen Prinzessin – und schon reagierten die Landgrafen von Hessen-Darmstadt empört. Sie wußten, was die preußische Königin Friederike in ihrer Ehe durchzumachen hatte, welchen Demütigungen sie ausgesetzt war. Nicht einen Tag war ihr der

König treu gewesen! Von Anfang an behielt er seine Maitresse, Wilhelmine Encke, daneben erzwang er sich die Einwilligung zu zwei morganatischen Ehen, aus denen Kinder hervorgingen, die der Herrscher mehr liebte als seine rechtmäßigen.

Und nach wie vor führte der preußische Herrscher das galante Leben eines Rokokofürsten. Der Kronprinz litt darunter, daß sein Vater die eigene Frau zurücksetzte, die Halbgeschwister bevorzugte und verwöhnte, allen voran den vergötterten Liebling Alexander, Sohn der Favoritin Wilhelmine Encke. Die Wunden, die damals geschlagen wurden, waren nicht zu heilen – nur so sind die Rachegedanken zu erklären, mit denen Friedrich Wilhelm später die Rivalin seiner Mutter verfolgte.

Unter der Hand gingen Depeschen hin und her, wird korrespondiert, verhandelt, vermittelt. Man warnte die Großmutter vor dem berüchtigt sittenlosen Berliner Hof. Hatte der Kronprinz die Anlagen seines Vaters geerbt? Man wußte, daß sein jüngerer Bruder Ludwig sich schon jetzt, mit zwanzig Jahren, in Berlin eine Maitresse hielt. Andererseits war die Landgräfin nicht gewillt, die Chance ungenutzt vorübergehen zu lassen! Bessere Zukunftsaussichten eröffnete kaum ein anderer europäischer Hof, nicht einmal die schönen und begabten Schwestern Charlotte und Therese hatten so glänzend Karriere gemacht! Herzog Karl, zur Kur nach Pyrmont gereist, zögerte mit seinem Einverständnis. Ihm hatte Preußens Politik schon lange mißfallen; außerdem war es ihm peinlich, daß er den Töchtern keine anständige Mitgift liefern konnte. Immerhin zog er durch den Grafen Kümmelmann Erkundigungen über den preußischen Hof ein, die ihn beruhigten; dann schließlich kam seine – vorläufige – Einwilligung.

Die resolute Landgräfin faßte ihren Entschluß. Da sie ohnehin nach Darmstadt zurückkehren wollte, um ihren 63. Geburtstag zu feiern, ordnete sie kurzfristig den Umweg über Frankfurt an. Im Gasthaus zum Weißen Schwan wurden Quartiere bestellt – zunächst nur für eine Nacht. Man wolle ins Theater gehen und nebenbei die Berliner Verwandten kennenlernen, erklärte sie den wenig begeisterten Enkelinnen. Die wahren Gründe wurden ihnen vorenthalten – in schöner Ahnungslosigkeit reisten sie ab.

«Ein Kuß besiegelte diesen Augenblick»

Die Entscheidung zwischen zwei Schwestern

Die Nachricht von der Ankunft der alten Darmstädter Landgräfin mit ihren Enkeltöchtern in Frankfurt am Main – man hatte die hochbeladene Equipage, flaschengrün und burgunderrot, vor dem Weißen Schwan halten sehen – versetzte den Kronprinzen in Aufregung («... ich war ordentlich neugierig geworden, sie durch irgend einen Zufall einmal kennen zu lernen»), und er ärgerte sich, daß sein Bruder die Aussicht mit gleichgültigem Achselzucken quittierte. Ludwig, mit einer Geliebten in Berlin, erklärte sofort, er werde sich unter keinen Umständen von ihr trennen, schon gar nicht nach einer vom Vater verordneten Vermählung, die ihm sowieso zuwider war.

Ganz anders stand es um Friedrich Wilhelm, der sich, wie er später gestand, nach häuslicher Geborgenheit gesehnt hatte. Er war nicht gewöhnt, daß man sich um sein Privatleben kümmerte. Für seine Gefühle hatten sich bisher weder die getrennt lebenden, zerstrittenen Eltern noch die Erzieher interessiert, die für seine Ausbildung, nicht aber für sein Seelenleben zuständig waren. Schließlich hatte er das Potsdamer Gardebataillon, in das er als vierzehnjähriger Secondeleutnant eintreten mußte, als den Ort empfunden, an dem er sich noch am wohlsten fühlte. Niemals hatte je ein weibliches Wesen eine Rolle in seinem Leben gespielt. Zuwendung oder Zärtlichkeit waren ihm fremd.

Von den mecklenburgischen Prinzessinnen hatte man schon oft geschwärmt, aber seine Hoffnung, sie auch einmal zu Gesicht zu bekommen, war mehrfach enttäuscht worden. Zu Jahresbeginn hatte er zwei sehr hübsche junge Damen im Theater kennengelernt, die ihm um so besser gefielen, als ihm sein Begleiter erklärte, es *seien* die Prinzessinnen von Mecklenburg. Die jüngere, Lisette, berichtet er, «gefiel mir noch weit mehr in der Nähe, so daß sie einen großen Eindruck auf mein Herz machte». Tagelang beschäftigt er sich mit ihrer Gestalt, bis er erfährt, daß es «keineswegs jene Prinzeßinnen wären, wohl aber zwey Fräulein von Barkhausen». Eine Enttäuschung bereitete auch die Fahrt nach Darmstadt, bei der sie ein leeres Palais vorgefunden hatten. Als man ihm jetzt beim Eintreffen im Komödienhaus zuflüsterte, die erwarteten Damen seien wirklich anwesend, blickte er mehrmals unauffällig nach der Loge hinüber, in der zwei junge Mädchen «mit vielem eigenthümlichen Anstand» ihren Onkel begrüßten, was ihm «selbst in der Ferne sehr wohl gefiel». Er wechselte sogar den Platz, doch so sehr er sich anstrengte, es war nicht möglich, sie durch das Logengitter in näheren Augenschein zu nehmen.

Erst beim Déjeuner am anderen Morgen, im Hause des Frankfurter Oberbürgermeisters v. Ohlenschlager, gelang das Kunststück einer Begegnung, die noch dazu den Anstrich des Zufälligen hatte. Der Kronprinz stand im Gespräch mit Peter von Medem, dem Flügeladjutanten des Königs, als im Nebenraum eine größere Gesellschaft zusammentrat. Der Adjutant unterbrach seine Rede und machte ihn auf das Eintreffen der Prinzessinnen aufmerksam.

Friedrich Wilhelm betrat das Nebenzimmer. Trotz seiner Nervosität wirkte das Erlebnis der ersten Begegnung so nachhaltig auf ihn, daß er es mit allen Einzelheiten bis an sein Lebensende im Gedächtnis behielt. «Zuerst kam Prinzeß Friederike, dann meine ewig unersetzliche und unvergeßliche Luise. Beide recht hübsch, traten mit gefälligem Anstand in die Thüre. Letztere fiel mir wegen ihres schlanken Wuchses auf und wegen einer flüchtigen Ähnlichkeit, die sie mir im ersten Augenblick mit zwei jungen Damen meiner Bekanntschaft zu haben schien, von denen die Eine, Julie Münchhausen, vor Zeiten großen Eindruck auf mein Herz gemacht hatte. Kaum daß sie sich zu den übrigen Damen gesetzt hatten, als ich den Graf Medem aufforderte, mich ihnen zu präsentieren. Er that es, und zwar zuerst vor Prinzeß Friederike, die ich daher, und da sie mehr formiert schien, obgleich nicht so groß als ihre Schwester, für die ältere hielt, auch widmete sie der Unterhaltung mehr Aufmerksamkeit als jene, und ich fand mich daher umso mehr darin bestärkt. Das Resultat dieses Dejeunés war, daß sie mir beide recht wohl gefielen, und daß ich schon innerlich den Entschluß faßte, eine von ihnen, allein welche von beiden, das wußte ich noch nicht, zu wählen.»

Zu jenem Zeitpunkt – und auch noch nach dem glänzenden Ball, den der Bankier Henry

Gontard für die hohen Gäste veranstaltete – war es Friederike, die ihm ausnehmend gut gefiel. Sie war von sanftem Wesen, wie er es liebte, mit ihr konnte man sich unterhalten, sie war attraktiv und zuvorkommend und machte ihm, im Gegensatz zu Luise, sichtlich schöne Augen. Friedrich Wilhelm selbst fand: «Hinzu kam noch, daß die jüngste Prinzeßin in ihrem ganzen Wesen viel Grazie und, was man sagt, séduisantes [verführerisches] hatte …»

Während es Prinz Ludwig auf kränkende Weise gleichgültig ist, welche der Schwestern ihm zufällt, und er dem Bruder bei der Wahl spöttisch den Vortritt läßt, bittet Friedrich Wilhelm in qualvoller Unsicherheit den erfahrenen Grafen Lucchesini um eine geheime Unterredung. Sie sprachen «sehr lange und verständig» miteinander, ohne daß die Entscheidung dadurch erleichtert worden wäre. «Ich saß neben meiner nachherigen Frau. Die Unterhaltung ging gut vonstatten, sie gefiel mir immer mehr, die Schwester aber nicht minder.»

Die Schwester, die reizende Friederike, wirkte vor allem auf Männer außerordentlich anziehend. Friedrich von Gentz, der sie «als schönste Frau» bezeichnete, die er je sah, Prinz

Louis Ferdinand, der ihr Geliebter wurde und sie heiraten wollte, der Herzog de Ligne, der sie einen «Engel der Anmut» nannte, haben es bestätigt. Auch Goethe korrespondierte später von Teplitz aus mit ihr, um sich ihrer «theilnehmend belebenden Güte abermals zu erfreuen». Mit geneigtem Gesicht sah sie den preußischen Thronfolger aus ihren graublauen Augen an – sich ihrem Charme zu entziehen, war unmöglich. Er vergaß auch später nie, «die liebe Friederike» zu grüßen – sie hat es verstanden, sich den spröden Mann ein Leben lang als Freund zu erhalten.

Der Kronprinz tanzte abwechselnd mit beiden Schwestern, man lachte zusammen und übte eine Polonaise ein, «wir wurden näher bekannt, die Verlegenheit verlor sich und sie gefielen mir immer mehr, doch hatte ich keine Wahl getroffen». Luise tanzte «göttlich», wie Massenbach berichtet, und war von herzgewinnender Liebenswürdigkeit. Was er sofort an ihr liebte, weil es ihm selber fehlte, war ihre Lebensfreude. «Ihr Humor war im Ganzen heiter und froh gelaunt», sagt er, der unter finsteren Launen litt. («Noch in den letzten Jahren konnte sie manchmal ausgelassen lustig seyn ...

Dann nahm sie sich vor, mich mit Gewalt zum Lachen zu bringen, ich mochte wollen oder nicht ... Was für glückliche Momente habe ich nicht auf diese Weise gehabt.») Auch Luise fand Friedrich Wilhelm über Erwarten sympathisch. Er wirkte weder arrogant, wie sie befürchtet hatte, noch kühl und berechnend, sondern eher bescheiden. Sie entdeckte Eigenschaften an ihm, die ihr gefielen, vor allem seine entwaffnende Ehrlichkeit. Er flirtete nicht und raspelte kein Süßholz, und seine Unsicherheit störte sie nicht im mindesten, auch nicht die Verlegenheit über ihre schlagfertigen Scherze. Ihrer Meinung nach sah er gut aus, wenn das auch für sie nicht vorrangig war – Luise hatte schon mit anderen, auch mit dem geschmeidigen, eleganten jungen Metternich getanzt, ohne daß es ihr den geringsten Eindruck gemacht hätte.

Die Zeit drängte. Der König hatte seine Zustimmung längst geäußert. Bessere Schwiegertöchter konnte man sich nicht wünschen. Für den korrekten, umständlichen Sohn ist die Bemerkung typisch, daß er den Entschluß «nach sorgfältiger Prüfung und Überlegung» faßte. Er entscheidet sich für die ältere, für Luise. Der Ausdruck «sorgfältige Prüfung» läßt nicht ahnen, daß er das ganze Gewicht seines liebearmen, Geborgenheit suchenden Gemütes vertrauensvoll in die Hände eines siebzehnjährigen Mädchens legt.

«Meine sehr liebe Mutter», schrieb er am entscheidenden 19. März 1793 nach Berlin, «ich wage es, um die Einwilligung zu einer Sache zu bitten, die Sie vielleicht erstaunen wird, nämlich zu meiner Heirat ...» Er sei tagelang in Unruhe gewesen, weil zwei reizende Schwestern (fort aimables) ihm unendlich gut gefielen; jetzt habe er gewählt ... Am nächsten Tag hielt der König bei der Großmutter um die Hand ihrer Enkeltöchter an. «Die jungen Prinzeßinnen mußten das Zimmer verlassen, und nun fingen auch sie an zu merken, daß so etwas auf dem Tapet seyn möchte, späterhin hat mir dieß meine Frau eingestanden ...»

Schüchterner und ungeschickter, als Friedrich Wilhelm es tat, hat selten ein Mann um seine Auserwählte geworben. Die Großmama erlaubte jedem der beiden Paare, «sich in ein leeres Zimmer des Gasthofs» zurückzuziehen.

«So froh ich war, so verlegen war ich dennoch, und nach vielem Stottern und unzusammenhängenden Phrasen faßte ich endlich Muth und trug ohne viele Umstände mein Anliegen vor. Wir standen am Fenster, meine Frau mit dem Rücken an die Fensterwand gelehnt. Mit jungfräulicher Bescheidenheit, aber herzlichem Ausdruck willigte sie ein, ich frug ob ich dürfte, und ein Kuß besiegelte diesen feierlichen Augenblick. Abends war Ball bei Metzler-Bethmann, wer war glücklicher als ich, keinen Augenblick verließ ich meine Erkohrene, und unser Vertrauen zueinander wuchs mit jedem Augenblick. Den andern Morgen wurden die schönsten Blumen angeschafft, ich ging selbst bey Wendel auf den Braunfels und kaufte einen goldenen, mit Facetten geschliffenen Anneau und einen Fächer, wie sie die damalige Mode mit sich brachte ... Diese kleinen, unbedeutenden Geschenke, die ersten, die ich ihr darbrachte, nahm sie mit herzlicher Freundlichkeit auf. Den Anneau hat sie niemals von ihrem Finger gelassen und hat ihn bis zum Tode getragen. Sie erwiderte mein Geschenk durch einen dem meinigen ganz ähnlichen Anneau, den sie selbst trug, indem sie ihn vom Finger nahm und mir verehrte.»

Er schildert Luise diesen Tausch der Ringe später noch einmal und muß dabei «an die ungeschickte Art denken, in der ich Ihnen mein Herz eröffnete, was Sie mit einer Nachsicht und engelgleichen Miene aufnahmen, die mir immer im Gedächtnis bleiben wird».

Friederike wurde mit Ludwig verlobt, wobei der König, Friedrich Wilhelm II., sich vergnügt die Hände rieb, erfreut über das doppelt gelungene Unternehmen. «Frische Fische – gute Fische» lauteten die beifälligen Worte dieses nimmermüden Frauenverehrers. Während Friederike sehr angetan war von ihrem zwanzigjährigen Verlobten, der selbstbewußt auftrat und das Leben leicht nahm wie sie selbst, blieb der Prinz «sehr kalt gegen seine Braut», so zärtlich und entgegenkommend sie auch zu ihm war.

Die beharrliche Belagerung der Stadt Mainz durch die französischen Truppen gaben dem Kronprinzen, der im Range eines Generalmajors unter Kalckreuths Oberbefehl ein Reservecorps führte, die Gelegenheiten zum Wiedersehen. So oft es nur ging, überließ er den Posten seinem Stellvertreter, General von Roeder, und fuhr nach Darmstadt. Auch die inzwischen offizielle Verlobung hatte ja nichts an der Tatsache geändert, daß beide nur wenig voneinander wußten. «Ich hoffe, wir werden beidseitig nie den Augenblick unserer Bekanntschaft bereuen», schrieb der Prinz. Er war zuversichtlich – aber die Antwort wollte er doch von ihr selber hören! Er beeilte sich und ritt – mit seinem Hund Sultan – nach Darmstadt.

Niemand konnte über einen Familienkreis erstaunter sein als Friedrich Wilhelm, der langsam seine Scheu überwand und am Hof der Landgräfin heimisch wurde. Verwundert lernte er hier eine Atmosphäre kennen, wie sie ihm niemals vorgekommen war. Die Ungezwungenheit, mit der man miteinander umgeht, die Fröhlichkeit im Beisammensein, die Selbstverständlichkeit des täglichen Miteinander, der herzliche Ton waren für ihn, der in streng geregelter Tageseinteilung keinen unbeaufsichtigten Schritt machen konnte, eine neue Erfahrung, eine unvorstellbare Bereicherung.

Wenn er kommt, ist die Großmutter erstaunlich tolerant und läßt die jungen Leute allein. Luise zeigte ihm das Alte Palais, Paradies ihrer Kindheit. Sie berichtete von Winterpartien, von Schlittenvergnügungen und Maskenfesten, die die ganze Nacht hindurch dauerten, von Ausflügen nach Schloß Kranichstein und zum

Schlößchen von Braunshardt. Sie war sechs, als ihre Mutter starb und der Vater deren Schwester heiratete, die den fünf Kindern eine liebevolle Stiefmutter wurde. Doch auch die zweite Frau starb ein Jahr nach der Hochzeit bei der Geburt ihres ersten Kindes, Luises Stiefbruder Karl. Seither spielte die Erzieherin, Salomé de Gélieu, eine wichtige Rolle in Luises Leben. Sie brachte den Mädchen Geschichte, Englisch und Literatur bei, von allem so viel, daß Luise englische, auch lateinische Brocken in ihre Briefe einfügen kann und einen belesenen Eindruck macht. Die griechische Mythologie und die französischen Aufklärer, Rousseau, Lessing, Klopstock und Wieland gehörten ebenso zu ihrer Lektüre wie die Romane Richardsons, Shakespeares Dramen, Stolbergs Gedichte und Voltaires *Candide,* den sie dann zu zitieren pflegt, wenn sie «an der besten aller Welten» zweifelt. Ihre Briefe zeugen von Temperament, Wachheit und Gedankenschärfe, sie schrieb geistvoll und «mit unglaublicher Leichtigkeit», wie Frau von Berg betont.

Als Zehnjährige hatte Luise den jungen Schiller in Darmstadt erlebt, ihre Großmutter war mit Herder befreundet, den Luise über alles stellte und in Hildburghausen seitenweise abgeschrieben hatte. Jetzt holte sie alte Hefte hervor und erklärte Friedrich Wilhelm, warum sie in der Familie «Jungfer Husch» genannt wurde – da gab es Aufsätze «mit mehr als zwölf Fehlern», ein Heft, das mit Krakeleien verziert war, man sah kleine Damen in tief dekolletierten Kleidern und hochhackigen Schuhen – Wunschträume der unaufmerksamen Schülerin, die in Wirklichkeit billige Kattunkleider tragen mußte. Wie der Preußenprinz spricht Luise neben ihrer Muttersprache fließend Französisch, doch in der Orthographie sei sie mangelhaft. «Sie müssen auch meine Fehler kennen. Wäre ich in der Kindheit fleißiger gewesen, so wäre ich vielleicht imstande, Ihnen fehlerlos die Gefühle meines Herzens auszusprechen, so kann ich es immer nur fehlerhaft ...»

Salomé de Gélieu hat immer noch ein wachsames Auge auf ihre Schülerin, auch wenn diese königlich verlobt ist. Sie notiert, daß der Prinz am 5. April 1793 reichlich lange, nämlich «von morgens 9 bis 8 Uhr abends» mit Luise zusammen war und kritisiert, daß er es sogar wagte, ihr ein Kleidungsstück zu schenken, ein Westchen oder «Caraco» von feinem Tuch, «in offenen Knospen und Rosen gestickt», wogegen Luise nichts eingewendet habe.

Sie wanderten durch den Park und am Teich entlang. Friedrich Wilhelm erzählte, wie er als Elfjähriger seine Verwandten in Weimar besuchen durfte. Es existiert noch sein kleines, unveröffentlichtes Tagebuch, aus dem hervorgeht, daß der Besuch weniger auf ein Amüsement als ein Erziehungsexperiment hinauslief – streng nach Etikette! Ganz anders kann da Luise berichten: Reisen war ein herrliches Vergnügen! Im Oktober 1790 zum Beispiel war die Familie zur Kaiserkrönung in die freie Reichsstadt Frankfurt gefahren und dort, weil alle Hotels besetzt waren, bei einer älteren Dame einquartiert worden, die sie in ihrem geräumigen Haus am Hirschgraben überaus freundlich aufgenommen hatte. Bei ihr, Frau Aja Goethe, genossen die Kinder unvergeßliche Herbstwochen. «Statt der steifen Hof-Etikette waren sie da in voller Freyheit – tanzten – sangen und sprangen den gantzen Tag», wußte Mutter Goethe ihrem Sohn zu berichten. «Alle Mittag kamen sie mit drei Gabeln bewaffnet an meinen kleinen Tisch – gabelten alles was ihnen vorkam – es schmeckte herrlich ...»

Luise verlor früh ihre Mutter, die heitere Friederike von Hessen-Darmstadt (1752–1782). Um so mehr hing sie an ihrem gütigen Vater, Herzog Karl von Mecklenburg-Strelitz (1741–1816).

Nie hat Luise ihr diese Freundlichkeit vergessen und nie die Ungezwungenheit, mit der sie das ganze große Haus, sogar Goethes Geburtszimmer, mit Beschlag belegen durften. Mittags gab es Eierkuchen mit Specksalat, nach Tisch spielte Luise auf dem Pianoforte und der elfjährige Georg «waltzte» mit Goethes Mutter im Kreis herum. Einmal habe sie sogar, gestand die alte Dame schmunzelnd Bettina Brentano, die strenge Erzieherin Gélieu oben im Zimmer festgehalten, damit die Prinzessinnen unten im Hof nach Herzenslust Wasser pumpen konnten. Jeden Abend habe sie den Kindern Geschichten erzählt, «auch haben sie mir's beim Abschied gesagt, daß sie nie vergessen würden, wie glücklich und vergnügt sie bei mir gewesen».

Solche Erlebnisse waren dem Kronprinzen nie vergönnt. Er konnte nur von einer einzigen größeren Auslandsreise berichten, die er als Achtzehnjähriger mit seiner Schwester nach Holland unternommen hatte: endlich eine Gemeinsamkeit mit Luise, die 1791 mit Großmutter und Schwester in Schloß Broich gewesen war. Im übrigen aber verlief das prinzliche Leben ohne Höhepunkte. Seit seinem sechzehnten Lebensjahr betreute ihn der sächsische Karl Graf Brühl als Oberhofmeister im «Kronprinzenpalais», das neben der Königlichen Oper Unter den Linden lag. Durch Brühl hatte sein Leben einen neuen Zuschnitt erhalten. Der Graf ließ die veralteten Räume elegant herrichten, sorgte für ein anständiges Jahresgehalt von zwanzigtausend Talern, orderte Wäsche, Tafelgeschirr, Wagen- und Reitpferde sowie die nötige Dienerschaft – Kutscher, Vorreiter, zwei Lakaien, Reitburschen, Koch und Küchenhilfen –, der vertrauenswürdige Kammerdiener des Kronprinzen war Peter Fontane, der Großvater von Theodor Fontane. Das Palais, das der König seinem Sohn großzügig überlassen hatte – es war sein eigenes Geburtshaus –, sollte auch der zukünftige Wohnsitz des Kronprinzenpaares werden.

Während Luise zum Pianoforte sang und erzählte, daß Bruder Georg, gerade vierzehn geworden, sich vor Vergnügen über die Verlobung «auf dem Fußboden gerollt» habe, dachte Friedrich Wilhelm an seine spartanische Jugend. Er beklagte seine enorme Schüchternheit, «ich wurde rot und redete wenig» – seine Schilderungen machten die Lieblosigkeit eines Lebens deutlich, in dem es nicht einmal zu Geburtstagen Geschenke gab; bloß an ein Resedatöpfchen erinnert er sich. Aus diesem Grund wurde von nun an sein Geburtstag, der 3. August, immer von der ganzen Familie auf das Herzlichste gefeiert: Luise wollte gutmachen, was in den Jahren seiner Kindheit versäumt worden war. Mit psychologischem Feingefühl hat sie ihn für die Lieblosigkeit seiner Jugend entschädigt, selbst in den kümmerlichen Zeiten des Exils durfte es an nichts fehlen. Friedrich Wilhelm notiert noch im nachhinein überrascht: «Mein Geburtstag war ihr der feierlichste Tag im Jahre, meine Wünsche alsdann zu errathen und zu erfüllen war ihr ganzes Bestreben. Wie wohl war mir an solchen feierlichen Tagen bey ihr … wer kann jemals solchen Genuß und diesen Anblick vergeßen …»

Die Herzlichkeit, die ihm nun galt, die Freude, mit der man ihn im Alten Palais erwartete, wirkten auf sein Gemüt wie Medizin.

Luises Zuneigung erlöste ihn aus psychischer Verkrampfung und Unzugänglichkeit. Die Bezauberung, die von ihr ausging und den Kronprinzen sichtbar veränderte, wurde von seiner Umgebung überrascht zur Kenntnis genommen. «Du würdest Dich wundern, meine Liebe», schrieb Graf Lucchesini an seine Frau, «wenn Du den Kronprinzen sehen könntest; verliebt, wie man selten ist, er sucht zu gefallen und ist infolgedessen selber liebenswürdig.»

«Kirschen und eine Schachtel mit Erdbeeren»

Liebesbriefe

Eine wachsende Vertrautheit spiegelt sich in der Korrespondenz der Verlobungszeit. Es sind Zeugnisse einer Annäherung, wie sie in der Geschichte Preußens nur selten vorkommen. Da werden keine gedrechselten Komplimente getauscht, wie sie selbst bei den jüngeren Brüdern des Königs noch formelhaft in Gebrauch sind. Ihre Mitteilungen beruhen auf einer Briefkultur des Mitdenkens, Mitempfindens, das den Empfänger wie in ein Gespräch einbezieht. Alle Lebensäußerungen werden ausgesprochen, Freude und Überschwang, Hoffnung und Befürchtungen, Bedenken und Begehren – an Unmittelbarkeit und Authentizität sind diese Briefe durch nichts zu übertreffen.

«Ich habe das Medaillon mit Ihrem Bildnis erhalten. Tausend Dank, lieber Prinz, für dieses Geschenk, das seit Ihrer Abreise mein einziger Trost ist. Ich trage es alle Tage ...» – «Die Belagerung von Landau verwünsche ich in die

Hölle, wäre die nicht, könnte ich Sie sehen!» – «Ich möchte Ihnen vor Dankbarkeit um den Hals fallen und Ihnen recht herzlich küssen. Ich habe großes Behagen dazu.» – «Ich bin, ach! ein unvollkommenes Wesen wie all Menschen, habe auch meine Fehler, und wenn Sie sie einmal alle kennen, so sagen Sie sich: das Herz ist nicht böse... Unwandelbar, Luise.»

Man nimmt dieses Briefpapier mit der gestanzten Randleiste und den wechselhaften Schriftzügen merkwürdig beklommen zur Hand: es sind private Dokumente, für die Öffentlichkeit nicht gedacht. Friedrich Wilhelm hat sie, wie alles von seiner Frau, treu aufbewahrt, hat sie sogar numeriert und sich entsetzlich geärgert, wenn Luise seine Post herumliegen ließ. «Sie und ich haben vom ersten Augenblick unserer Bekanntschaft an gegenseitig unsere Briefe auf das Sorgfältigste aufbewahrt», behauptet Friedrich Wilhelm, was besonders bei Luise etwas heißen wollte, da sie ihre Briefe monatelang «nicht nur in offenen Fächern», sondern auch auf Tischen und Stühlen herumflattern ließ, «woraus denn allerdings manche unangenehme Folgen entstanden sind». Zu diesen «Folgen» gehörte, daß der französische Geheimdienst, der nach Preußens Niederlage 1806 in Luises Schreibtisch wühlte, auch jene Briefe fand, die Zar Alexander ihr geschrieben hatte. Durch eine gezielte Indiskretion Napoleons erfuhr damals ganz Europa von ihrer persönlichen Beziehung. Darüber später.

Schon Luises erster Brief vom 27. März 1793 enthielt ein kleines «Extrablatt», auf dem sie ihrem Verlobten versicherte, der «eingeschnürte Stil» gelte nur der großmütterlichen Zensur – sie selbst habe sich natürlich nicht geändert und sei ihm weiterhin «herzlich gut». Luises Briefe, sehr impulsiv, unsentimental, direkt und auch zärtlich, sind ein anrührendes Echo ihrer Persönlichkeit, getreuer als jedes Gemälde. Wie sollte wohl im Bild dargestellt werden, was sich folgendermaßen liest: «‹Grüne Peterzielge, grüne Peterzielge, grüne Peterzielge und Krautsalat.› Diese wenigen Worte mußte ich Ihnen unbedingt aufschreiben, obwohl Fräulein Marico mir die Haare dreht und mich hindert, einen Brief zu schreiben, wie es sich gehört; denn Sie müssen wissen: Ich schreibe auf meinen Knien, auf die ich mein Buch gelegt habe; es ist zwar groß, bietet aber nicht genug Platz für meine beiden dicken Pfoten, die, wie Sie wissen, die zierlichsten ihrer Art sind! Ich schreibe diesen Brief, und Gott weiß, wer ihn zu Ihnen bringen wird, vielleicht eine Kanonenkugel aus dem Lager der Menschenfresser ... Wenn Sie die Gruppe um mich herum sehen würden, könnten Sie sich des Lachens nicht enthalten, alles sind schöne Schläferinnen. Morgen mehr, ich schlafe auch schon.» (16. April 1793)

Sie freue sich unbändig auf das Wiedersehen, schrieb sie, «und dann werde ich zum Willkommen singen: ‹Unsre Katz hat sieben Junge, und die Alt' ist tot› ...» Darauf antwortet der Thronfolger – man fragt sich, wieso er immer als humorloser Griesgram bezeichnet wird, wenn er zu solchen Antworten fähig ist: «Ich habe gestern mehrmals das köstliche Lied von der ‹Katze mit den sieben Jungen› gesungen, jedesmal zum Erstaunen der Zuhörer ... Ich bitte Sie, nicht das ‹von der grünen Petersilie› zu vergessen, es ist ebensogut, und alle beide sind in ihrer Art vollkommen.»

Wer mit der Freundin Gassenhauer trällert und sich die Noten zu unanständigen Soldatenliedern wünscht, wer sich beim Singen auch durch erstaunte Zuhörer nicht stören läßt, der kann dermaßen strohtrocken und verklemmt kaum gewesen sein. Nicht genug damit, bringen die Schwestern dem jungen Mann, der nie wirklich jung sein durfte, auch Spiele und gewisse «Redensarten» bei, in denen besonders Friederike glänzte. «Diesen Abend werden wir zum erstenmal das ‹Hexenspiel› versuchen, Sie können sich wohl vorstellen, an wen ich beim Spielen denken werde», schreibt Seine Königliche Hoheit am 30. April 1797. «In diesem Augenblick tritt Herr von Sydow von der Garde in mein Zimmer, er wird den ganzen Abend bei mir bleiben, weil er das köstliche Spiel lernen muß. Leben Sie wohl, meine aufs zärtlichste geliebte Freundin. Ich hoffe, daß wir uns bald wiedersehen.»

Am 17. Juni wünschte er sich Kirschen. Am 18. Juni bekam er sie. «Der Bote ist beauftragt, Ihnen einen Kirschkuchen und eine Schachtel mit Kirschen und Erdbeeren zu übergeben, ich wünschte, dies alles möge Ihnen Freude machen ...» Luise benutzte seine Vorliebe für «Kirschen» – er hatte als Kind keine bekommen, weil sie zu teuer waren – oft in erotischer Anspielung. Sie bekomme kirschrote Backen beim

Lesen seiner Briefe, sie habe einen kirschroten Mund; noch als junge Frau schickt sie ihm «fünf Kirschen» zum Zeichen, daß sie an ihn denkt.

Der dreiundzwanzigjährige Bräutigam, sechs Jahre älter, ist die ausgeprägtere Persönlichkeit. Bischof Eylert beschreibt ihn zu der Zeit als einen Mann mit «ebenmäßiger Statur, hoher, gewölbter Stirn und nachdenklich blickenden Augen» von dunkelblauer Farbe. Das Briefeschreiben bereitete ihm keine Schwierigkeiten mehr. «Wenn ich allein bin, beschäftige ich mich mit allem, was Sie betrifft, meine liebe Luise [durchgestrichen] – liebe Prinzessin – es wäre zu vertraulich, Sie so zu nennen, nicht wahr? Wie man zugeben muß, bin ich ein Mann von Welt, der seine Fehler ausgezeichnet wieder gut zu machen weiß!» – «Die Hände sind mir so steif, daß ich, obwohl ich aus Leibeskräften hineinblase, doch kaum die Feder halten kann. Ich schließe mit der Versicherung, daß niemand Sie mehr lieben und niemand Ihnen mehr zugetan sein kann als Ihr völlig ergebener Freund ...»

Ende März war er noch zu schüchtern, sie

beim Vornamen zu nennen, drei Wochen später ist sie seine «geliebteste Luise». Der vertrauliche Ton ersetzt ihnen die Liebeserklärungen. Noch nie hat man Seine Königliche Hoheit so viel schreiben sehen. «Ich glaube nicht, Ihnen erst sagen zu müssen», erklärte der Befehlshaber einer Truppe, «daß ich mich den ganzen Tag mit Ihnen beschäftige …» Er werde den Weg von Groß-Gerau nach Darmstadt nehmen «und in Ihren Armen sein, das heißt wenn Sie mich haben wollen». Im Moment habe er eine geschwollene Backe und eine so miserable Laune, «daß man hätte können kleine Kinder mit meinem Gesicht zu Bette jagen». Selten hatte man bemerkt, daß er auch Humor besaß.

Er schenkte Luise ein Paar Handschuhe – ihr Dank geht über Handschuhe weit hinaus. «Sie müssen also wissen, mein lieber Prinz, daß Sie ein Schatz sind – meine Erkenntlichkeit ist größer, als ich sie ausdrücken kann. Ich möchte aber wohl Ihnen einen recht freundschaftlich dankbaren Kuß auf die Backe drücken, ich glaube, es wäre Ihnen auch wohl nicht unangenehm?»

Er, «der Mann von Welt», der selten im Leben auf etwas so ungeduldig gewartet hat wie

Berlin um 1800. An der Prachtstraße Unter den Linden (links) das Kronprinzenpalais, ständiger Wohnsitz des Paares. Unten das Brandenburger Tor, 1788–91 in griechischem Stil erbaut von C. G. Langhans.

auf diese unvergleichlichen Briefe, versichert nicht nur, er liebe sie in vier Sprachen, sondern fügt überdies an: «Leben Sie wohl, teure Freundin, vielen Dank für Ihren recht freundschaftlichen Kuß *auf der Backe*, ich wünschte ihn auch erwidern zu können, und zwar durch einen recht herzlichen *auf dem Munde.*»

Der Krieg, im Leben des Prinzen täglich gegenwärtig, zieht sich länger hin als erwartet. Die Franzosen haben sich in den Festungen von Mainz und Kastel verschanzt, verfügen über ausreichend Munition und besitzen Verpflegung für ein halbes Jahr. Hinzu kommt, daß ein Teil der Bevölkerung mit den Ideen der Französischen Revolution sympathisiert, darunter der berühmte Weltreisende und Naturforscher Georg Forster, Vorbild und Lehrer Alexander von Humboldts, der als überzeugter Demokrat Verhandlungen mit Paris führt, was einem Hochverrat gleichkam. Als die Gefahr besteht, daß seine bedeutende Bibliothek geplündert wird, ist es der tatkräftige Prinz Louis Ferdinand, der sein Haus bewachen läßt.

Krieg und Ideologie greifen tief in das Leben der Bevölkerung ein. Georg Forsters Freundin

Caroline Böhmer, die nach seinem Tod die Frau von August Wilhelm Schlegel und später die des Philosophen Schelling wird, gerät 1793 in Mainz als Anhängerin der Revolution in Gefangenschaft und wird auf die Festung Königstein im Taunus gebracht, wo sie während der Haftzeit das Kind eines französischen Offiziers zur Welt bringt.

Die preußisch-österreichische Koalitionsarmee ist nicht stark genug, die Festungen im Sturm zu nehmen; die Kapitulation soll erzwungen werden. Man konstruiert Lauf- und Schützengräben, aus denen Nacht für Nacht Beschießungen mit Feuerkugeln stattfinden. Der Kronprinz ist wütend über mangelhafte technische Maßnahmen; das Leben der Soldaten zu gefährden ist ihm eine unerträgliche Vorstellung. Ein Trost ist es, daß Luise «als eine gute Preußin», wie sie versichert, mit ihm fühlt. «Die Szenen des menschlichen Unglücks und Elends werden Sie öfter sehen, auch manchen braven Krieger beweinen, schämen Sie sich aber der Tränen nicht ...»

Nachdem die Franzosen trotz aller Anstrengungen unter dem Kommando ihres «Feuerteufels» Merlin in unermüdlichen Ausfällen ihre Kanonen von den Festungswällen abgeschossen und den Preußen erhebliche Verluste beigebracht hatten, ordnete der König die Verlegung des Hauptquartiers nach Bodenheim an. Die kostbaren Besuche in Darmstadt wurden durch die große Entfernung unmöglich; zum Ersatz lud der König seine zukünftigen Schwiegertöchter nach Bodenheim ein.

Als sie im Mai 1793 ankamen, war soeben auch Goethe dort eingetroffen, prominenter Gast des Weimarer Herzogs Karl August, der die Prinzessinnen in seinem Zelt mit Tee und Likör beköstigte. Goethe hat den Eindruck, den die jungen Damen auf ihn machten, am 28. Mai 1793 in sein Tagebuch notiert: «Gegen abend war uns, mir aber besonders, ein liebenswürdiges Schauspiel bereitet: die Prinzessinnen von Mecklenburg ... besuchten das Lager. Ich heftelte mich in mein Zelt ein und durfte so die hohen Herrschaften, welche unmittelbar davor ganz vertraulich auf und nieder gingen, auf das genaueste beobachten. Und wirklich konnte man in diesem Kriegsgetümmel die beiden jungen Damen für himmlische Erscheinungen halten, deren Eindruck auch mir niemals verlöschen wird.»

Eine der «himmlischen Erscheinungen» ist die fünfzehnjährige Friederike. Über ihr Wiedersehen mit dem abweisenden Prinzen Ludwig macht sie Therese selbstbewußte und witzige Mitteilungen: dort «befand sich auch mein Partner fürs Leben», und: «Prinz Louis Ferdinand betrachtete uns mit durchbohrendem Blick, er ist sehr liebenswürdig.» Diese Bemerkung enthält ihr ganzes Schicksal wie in einer Nuß: Nach dem frühen Tod ihres Ehegatten stürzt sie sich in eine Liaison mit dem hochmütigen, schönen und leidenschaftlich verliebten Prinzen Louis Ferdinand.

Am Tag des Lagerbesuchs herrschte ausnehmend schlechtes Wetter, es regnete, stürmte, hagelte. Friederike beendet ihren Brief mit der Bemerkung: «Zum Überfluß der Annehmlichkeit war der Wind unverschämt genug, uns die Unterröcke bis zu den Knien aufzuheben.»

Auf Luise wirkt der Besuch ganz anders. Sie hat den preußischen König in väterlicher Güte erlebt, und so wie sie ihren eigenen Vater über alles schätzt, überträgt sie dieses Gefühl nun auch auf ihn. Es schmerzt sie, daß der Sohn seinen Vater entschieden ablehnt, sie bemüht sich nach Kräften, die beiden zu versöhnen. «Dabei dürfen Sie auch die Güte des Königs nicht vergessen. Seine Rücksicht auf Sie, lieber Prinz, muß uns mit Dankbarkeit und Liebe für diesen ausgezeichneten Vater erfüllen ...» In Wirklichkeit erreicht sie wenig; eine lieblose Jugend kann nicht ausradiert werden.

Unter dem Siegel des Geheimnisses teilt ihr der Kronprinz mit, daß das Hauptquartier nach Marienborn übersiedelt und er, wenn die Schwestern mit der Großmama ins nahe Schlößchen Braunshardt kämen, ein Treffen arrangieren könne. Luise jubelt. «Ich werde so glücklich sein, wenn ich Sie wiedersehe», antwortet sie, «daß ich glaube, ich bin imstande und tanze wie des Herodes Töchterlein ein Solo vor der ganzen Armee, nach der Weise: ‹Wenns immer, wenns immer, wenns immer so wär!›»

Eine Antwort wie die seiner Braut ist dem preußischen Thronfolger noch nicht vorgekommen.

Ihr geplantes Wiedersehen wurde verhindert durch die bis dahin größte Bombardierung der Stadt Mainz am 18. Juni 1793. «Wir sahen auf der Schanze von Marienborn dem schrecklichen Schauspiel zu», kommentiert Goethe das Ereignis, «es war sternenhellste Nacht, die Bomben schienen mit den Himmelslichtern zu wetteifern ... Und wie deutete nicht ein solcher Anblick auf die traurigste Lage ...»

Die Bevölkerung betrachtete mit lustvollem Entsetzen das tödliche Bombardement, das die Nacht erhellt. Alles ging in Flammen auf, die gotische Liebfrauenkirche brannte ab, Dom und Jesuitenkirche stürzten in sich zusammen. Bei Goethe befand sich der Maler Georg Melchior Kraus, genauer: er saß auf einer eroberten französischen Kanone und schrieb seiner Freundin: «Wir hatten die ganze Nacht durch von Frankfurt bis hierher einen fürchterlich großen Brand in dem unglücklichen Mainz vor Augen ... Wir sahen dies fürchterlich schöne Spectacle auf einer preußischen Schanze, wohin Herr von Goethe uns begleitete ...»

Am gleichen 18. Juni 1793 erhielt auch der Kronprinz, um dessen Leben noch keine Frau gebangt hatte, einen aufgeregten Brief aus Darmstadt, wo man die Kanonade «wie ein Gewitter» erlebte. «Ich schwöre Ihnen, ein Schauer überfiel mich wie ein Fieber ... Sie haben keinen Begriff von dem heftigen Feuer, das wir sahen, unter anderem waren acht Kanonenblitze auf einmal …»

Zu einem Wiedersehen kam es dann an einem bezaubernden Sommertag doch noch. Man speiste im königlichen Zelt, hörte die Oboen blasen und die türkische Musik spielen – «das Vorlesen», «der Kirschenkuchen» – kurz, «alles war reizend». Am besten aber – das steht zwischen den Zeilen – gefiel es Luise in der Buchenlaube.

Der Ton hat sich gewandelt, Wünsche werden offenkundiger, die Sehnsucht größer, Besitzenwollen eindeutiger geäußert. «Warum kann ich Sie nicht in Wirklichkeit umarmen, wie ich es in Gedanken tue?» – «… ich bitte Sie, bombardieren Sie schnell, kommen Sie schnell, ich will Sie schnell umarmen, und wir werden zufrieden sein.»

Es wäre falsch, Luise nach ihren übermütigen Briefen für oberflächlich zu halten. Zur gleichen Zeit, da sie Friedrich Wilhelm die amüsantesten Vorschläge unterbreitete, sandte sie an ihren Religionslehrer Lichthammer ein Schreiben, in dem ihr Wunsch nach Bildung und ernsthafter Lektüre aufbricht: «Verhelfen Sie mir dazu, ich bitte Sie.» Lichthammer hatte ihr das Buch von Moses Mendelssohn *Phaidon oder Über die Unsterblichkeit der Seele* geliehen; sie schickte es ihm zurück mit den Worten: «Meine Seele wünscht außerordentlich, sich zu bilden ... Was ist eine Monatsschrift, eine hübsche Zeichnung oder eine schöne Sonate für den Geist? Es zerstreut sie wohl, aber gibt ihr keine Kraft, denn so gut wie der Körper nicht von Anschauen und Anhören leben kann, ebensogut kann die Seele keine Fortschritte machen, wenn sie keinen Stoff zum Denken hat ...»

Ernster wird sie im Spätherbst 1793 auch gegenüber ihrem Verlobten, dessen skeptische Natur sie erkannt hatte. «Die Zukunft wird gewiß glücklich sein ... Ich habe meine Fehler, die Sie noch zu wenig kennen; deshalb bitte ich Sie im voraus, haben Sie viel Nachsicht mit mir, erwarten Sie nicht zu viel von mir, denn ich bin sehr unvollkommen, sehr jung, ich werde also oft irren. Aber wir werden doch glücklich sein.»

«Ich kann Ihnen nicht sagen», schrieb Friedrich Wilhelm seiner Mutter nach Berlin, «wie glücklich ich mich durch die Wahl fühle, die ich getroffen habe.»

«Was Würde und Macht ihm nicht geben können ...»

Doppelhochzeit in Berlin. 1793

Es war keinesfalls ein beneidenswertes Los, im 18. Jahrhundert Nachkomme einer fürstlichen Familie zu sein. Die Söhne mußten die vorgeschriebene Laufbahn einschlagen, die Töchter hatten widerspruchslos den Mann zu nehmen, den der Vater gewählt hatte. Oft verbanden diese Ehepartner weder gleiche Neigung noch die gleiche Sprache. Luise lernte Elisabeth von Baden kennen, drei Jahre jünger als sie, die den sechzehnjährigen Großfürsten Alexander, Anwärter auf den russischen Zarenthron, heiraten mußte. Man schickte sie nach Petersburg, wo sie todunglücklich wurde, da Alexander ihr die schöne Fürstin Maria Naryschkina vorzog. Alexanders Bruder heiratete die fünfzehnjährige Anna von Sachsen-Coburg, die so schlecht behandelt wurde, daß sie dem rücksichtslosen Mann davonlief. Auch die Ehe von Friederike war zum Scheitern verurteilt. Bei fast allen europäischen Fürstenhäusern gab es tragische

Schicksale; sie waren ebenso Tagesgespräch, wie sie zum Thema der Literatur wurden. Luise war begünstigt, sie mußte nicht, wie man damals sagte, «in ein kaltes Brautbett» steigen.

Der Zeitpunkt der Vermählung wurde vom König deshalb überraschend festgesetzt, weil die gegen Frankreich erfolglos gebliebenen Truppen nun ins Winterquartier geschickt werden mußten. Es existierten außerdem Pläne über die zweite polnische Teilung. Der preußische König wollte bei einer möglichen Verteilung nicht abseits stehen, also wird er im Frühjahr seine Truppen nach Polen kommandieren, wobei die Söhne ihn begleiten sollen. Aber vorher muß geheiratet werden!

Die Eile hatte noch einen anderen Grund. Der König selber, zwar erst fünfzig Jahre alt, scheinbar vital und genußfreudig, kränkelte seit einiger Zeit. Er mußte rechtzeitig daran denken, daß der Thronfolger vermählt und für Nachwuchs gesorgt wurde. Seine Ahnung hat ihn nicht getrogen – drei Jahre später war Friedrich Wilhelm II. nicht mehr am Leben.

Der Termin zur Vermählung wurde für die Weihnachtsfeiertage 1793 angesetzt.

Von Stund an vollzieht sich in Luises Briefen

eine Veränderung. Ein unbekannter Tonfall wird bemerkbar, eine Furcht, die sie nicht zu überspielen vermag. Sie, die bisher das große Wort führte, wirkt auf einmal kleinlaut und ängstlich. Sie wird sich der unausweichlichen Lebensveränderung bewußt. Der Abschied, der ihr bevorsteht, bedeutet nicht nur die Trennung von der vertrauten Welt, es ist mehr: ein Abschied von der unbelasteten Jugend.

Berlin ist nicht nur eine fremde Stadt, Berlin ist eine andere Daseinsform. Was erwartet sie? Wird sie den hochgeschraubten Anforderungen gewachsen sein? Kann sie, in Freiheit erzogen, der Etikette des Hofes genügen? Wie soll sie vor einer Königin bestehen, die sie nicht leiden kann? Sie hat Angst.

«Sicher werden sich Dornen auf meinem Wege finden; denken Sie daran, daß ich jung bin und wenig Erfahrung habe, anfangs keine Freundin, und ich fürchte, auch später nicht ...», so am 4. Dezember 1793. Und vier Tage später: «Der Abschied ist mir sehr schwer, aber er wird aufgewogen durch die Gewißheit, einen Freund zu finden, der mein Glück ausmachen wird ...» Sie ruft ihm ihre Begegnung in Erinnerung, ihren ersten Kuß.

«... mein Gedächtnis läßt unaufhörlich all die reizenden Augenblicke, die wir im Weißen Schwan zusammen verbrachten, wieder vor mir erstehen – Seien Sie immer überzeugt, daß ich Sie von ganzem Herzen und aus tiefster Seele liebe.» Das klingt wie eine Beschwörung.

Das Glücksgefühl wird auch verdrängt durch die Hektik der Vorbereitungen. Peinliche Erörterungen nach der Höhe der Mitgift werden gestellt. Der Vater, Herzog Karl, bewilligte eine einmalige Summe von 15000 Talern zu ihrer Ausstattung, doch die immensen Hochzeitskosten muß der preußische König bezahlen. Im seitenlangen, unpublizierten Ehekontrakt vom 11. Dezember 1793 wurde alles vorbedacht, sowohl die Ausstaffierung durch den Vater: «Es will der Herzog Carl der Prinzessin Liebden mit Fürstlichen Kleidern, Geschmuck, Kleinodien, Silbergeschirr u. a. dergestalt ausfertigen, wie das einer Prinzessin aus Unserem Fürstlichen Hause eignet und gebühret», als auch durch den Ehemann: «Dahingegen versprechen Wir, der Kronprinz Friedrich Wilhelm, sobald das Beilager gehalten, Unserer hochgeliebten Gemahlin, der Prinzessin Luise Liebden ... zu selbsteigenen Dispositionen eine jährliche Rente von sechstausend Thalern dergestalt zu versichern ...» Natürlich wurde auch der Witwenstand rechtlich vorbedacht. In diesem Falle sollte Luise die Ämter Köpenick, Fürstenwalde und Alt-Landsberg mit Einnahmen von 34000 Thalern Pacht jährlich, Friederike die Ämter Chorin und Biesenthal mit 20000 Thalern erhalten, ihre Witwensitze die Schlösser Köpenick und Schwedt sein. Ein Zusatz im Kontrakt besagte: «Wenn die fürstliche Ehe, wie Wir von der Güte des Höchsten zuversichtlich hoffen, mit einem jungen Prinzen gesegnet werden sollte, wird die Morgengabs-Rente von 600 Thalern auf 1000 erhöht.» Für eine Tochter gab es nichts.

«Unsere Abreise nähert sich mit großen Schritten», das ganze Haus, alle Treppen und Gänge sind verstopft von Leuten, «die Kleider, Wäsche, Körbe, Koffer» schleppen. Luise verliert fast ihre Unbefangenheit. Vor einem halben Jahr, im Juni, hatte sie noch geschrieben: «Da Heiterkeit mich entzückt, und da ich von Natur nicht trübsinnig bin, wie auch Ihre Hoheit und Herr von Massow nicht, so hoffe ich, daß man an unserem Hofe mehr lachen als weinen wird.» Doch nach Lachen ist ihr im Augenblick nicht zumute. Das Blatt hat sich gewendet, nun ist es der Kronprinz, der sich lustig macht. Ihre Abschiedstränen rühren ihn nicht im mindesten, er rät, «sich im voraus ein großes Taschentuch machen zu lassen, bestehend aus einem Dutzend Ihrer alten». Auch als sie mitteilt, die Seidenstoffe aus Lyon seien nicht eingetroffen, sie hätten nichts anzuziehen, meint er ironisch, «das Beste wäre, den Zeitpunkt unserer Hochzeit solange hinauszuschieben, bis Lyon wiederaufgebaut» ist. Er wird, soweit das möglich ist, geradezu ausgelassen. Alles, was mit der Hochzeit zusammenhängt – mit Ausnahme der verhaßten Zeremonien –, stimmt ihn sichtlich heiter.

Zur gleichen Zeit schreibt Luise bedrückt an ihre Schwester Therese, bittet sie inständig, ihr in Berlin beizustehen mit ihrer «Kenntnis der Großen Welt, in der Du doch soviel erfahrener bist als eine arme Novizin … Du kannst Dir die Beklemmung nicht vorstellen, die mich befällt, wenn ich nur an das alles denke. Ade, unschuldiges Vergnügen; ade Jugendzeit, ade Fröhlichkeit … Es ist eine schreckliche Sache, das Heiraten, ich gesteh's …»

«Die Ankunft und Vermählung beider engelschönen Bräute der beiden ältesten Königsöhne, der Prinzessinnen von Mecklenburg-Strelitz», schreibt der Dichter Fouqué, der bei der Hochzeit anwesend war, «gaben den Städten Berlin und Potsdam einen erhabenen Lichtglanz.»

Am 13. Dezember 1793 morgens um vier fuhr die Kutsche vor dem Darmstädter Palais vor. In diesem Augenblick läuteten die Glocken der Stadtkirche. Doch nicht zum Geleit der Abreisenden, sondern weil eine Feuersbrunst ausgebrochen ist, spielte das Glockenspiel «Jesus meine Zuversicht». Die neue Kutsche, wie die alte flaschengrün mit rotem Untergestell, setzte sich in Bewegung. Sie wurde eigens zu diesem Anlaß angeschafft, denn der Kronprinz hatte sich über den alten Wagen der Großmutter, der «so teuflisch hoch ist und so schwankt, daß man jeden Augenblick fürchtet, mit ihm auf der einen oder anderen Seite zu liegen», so geärgert, daß eine bessere Equipage in England bestellt werden mußte.

Es hat geschneit. Die Prinzessinnen sind elegant gekleidet, vor allem warm, mit gestreiften Westen, Röcken von blauem Kaschmir, grünem

«Niemals sah ich ein so hinreißendes Geschöpf wie die Kronprinzessin» – Am Heiligen Abend 1793 wurde die Vermählung des Kronprinzenpaares im Berliner Schloß vollzogen.

und weißem Pelz. Glücklicherweise müssen sie die Fahrt nicht alleine machen, mit ihnen in der Kutsche sitzen der Vater, die Großmutter und der vierzehnjährige Georg, aus dessen Reisetagebuch wir die Einzelheiten erfahren.

Der Weg führt über Aschaffenburg und Würzburg nach Thüringen. Sie machen Station in Weimar, wo Goethe und Herzog Karl August sie begrüßen, die Herzogin sie umarmt. Die Großmutter «strahlte wie die Sonne», sagt sie und findet Friederike weniger anziehend als die «sehr hübsche Luise».

Es war eine Brautfahrt durch Deutschland, wie man sie noch nicht erlebt hatte. In Leipzig, wo sie ins Theater gehen, in Hildburghausen und Dessau, überall werden sie mit Jubel begrüßt. Die Schmeicheleien hätten durchaus verderblich wirken können, meint Georg altklug, «wenn meine Schwestern nicht so vernünftig wären».

Am 21. Dezember erreichen sie die preußische Grenze. Zum erstenmal betreten die Prinzessinnen von Mecklenburg märkischen Boden. Potsdam ist mit Fackeln illuminiert, Kopf an Kopf steht die Menge, um sie zu begrüßen, «ein Zulauf von Menschen, der ungeheuer war ...»

Vor dem Potsdamer Schloß stehen Friedrich Wilhelm und Ludwig, um sie in den Marmorsaal und zum anschließenden Souper zu führen, das nach Aussage des Hofmarschalls «unter fröhlichen Scherzen» verlief. Natürlich war es eine Erleichterung, nach den Strapazen der neuntägigen Reise die vertrauten Gesichter wiederzusehen. Doch Georg erlebt, wie Luise, als sie «den Toren Berlins näher kam, das Herz pochte».

Am 22. Dezember 1793 vormittags kommen die Prinzessinnen in Berlin an. Sie steigen in den goldenen Galawagen um; ihnen gegenüber nehmen die Oberhofmeisterinnen Frau von Voß und Gräfin Brühl Platz. In den Straßen drängt sich die Menge, alles ist auf den Beinen, um die «schönen Bräute» zu sehen. Entlang der Wilhelmstraße stehen zweiundzwanzig Kompagnien der Berliner Bürgerwehr, die sich von rechts und links dem Zug anschließen.

Seit den Zeiten vor Friedrich dem Großen hat man in Berlin keine Königin mehr zu Gesicht bekommen. Eine Doppelhochzeit! Unvergleichliches Ereignis! Ganz Europa hat dem König gratuliert! Das Ereignis treibt die Einwohner zum Brandenburger Tor und in die

Straße Unter den Linden, durch die der festliche Zug, angeführt von Abordnungen der Zünfte, Gilden und Corporationen, geleitet von der Garde du Corps, sich bewegt. Eine riesige Ehrenpforte, zwanzig Meter hoch, ist errichtet und mit Girlanden, Myrthenkränzen und den Sprüchen «Gleiche Freundschaft! Gleicher Liebesbund!» geschmückt worden. Weißgekleidete Kinder überreichen Blumen. Es wird berichtet, daß Luise eines der Mädchen in den Arm nahm und küßte, worüber die Oberhofmeisterin von Voß empört war: es verletze die Etikette. «Wie, darf ich das nun nicht mehr tun?» sagte Luise und eroberte sich mit dieser Antwort sofort die Herzen der Berliner.

Der Einzug in Berlin gerät zu einem Triumph. Auf der Freitreppe der Oper Unter den Linden steht dichtgedrängt eine Zuschauermenge. Die Kutsche biegt zum Schloß ein, wo die Prinzen ihre Bräute bereits erwarten, um sie den Eltern zu präsentieren. Für den Kronprinzen soll es, hört man, eine Liebesehe sein. Eine Liebe in Preußen, das hat es seit Menschengedenken nicht mehr gegeben!

«Niemals vorher und auch niemals nachher sah ich ein so hinreißendes Geschöpf wie die

Kronprinzessin. Ihr sanfter, bescheidener Gesichtsausdruck, vereint mit ihrer edlen Schönheit, gewann ihr alle Herzen. Ihre Schwester war ebenso reizend, aber ihre Züge waren mit denen der Prinzessin Luise nicht zu vergleichen.»

Hier schreibt Friedrich Wilhelms Kusine, die dreiundzwanzigjährige Luise Prinzessin von Preußen, spätere Fürstin Radziwill, deren Wort doppelt zählt, weil sie eine Zeitlang als Heiratskandidatin des Kronprinzen galt.

«Obwohl Friederike zwei Jahre jünger was als ihre Schwester, zeigte sie sich doch gewandter in der Unterhaltung ... Am Abend folgte die Vorstellungscour für die Prinzessinnen, dann Cour und Spiel bei der Königin. Man sagte, daß diese eine ihrer badischen oder Homburger Nichten als Schwiegertochter vorgezogen hätte und nicht besonders zufrieden mit der Wahl ihrer Söhne wäre.»

Entsprechend ungnädig verhielt sie sich. Bei der Vorstellungscour untersagte sie Luise mit scharfer Stimme, sich gegen die Gäste zu verneigen: «Ich bin die einzige, die man grüßt.» Beim abendlichen Ball führen die Prinzessinnen den neuen Tanz ein, den bisher bei Hof verbotenen Walzer, den sie mit solcher Grazie tanzen, daß der König sie bewundert. Die Königin aber war über die «indécence» empört, «sie wandte die Blicke ab, um ihre Schwiegertöchter nicht tanzen zu sehen».

Am 24. Dezember 1793 fand die Vermählung des Kronprinzenpaares im Weißen Saal des Berliner Schlosses statt. Einer alten Tradition folgend, schmückte die Königin die Braut mit der Diamantkrone der Prinzessinnen von Preußen und überreichte ihr den Fächer aus geschlagenem Dukatengold. Das Brautkleid aus silberfarbenem Atlas hatte eine hohe Taille, kleine, kurze Ärmel, der Ausschnitt war mit Diamantrosen besetzt. Um den Hals trug Luise das Kronkollier im damaligen Wert von einer halben Million Taler.

Der feierliche Hochzeitszug bewegt sich um sechs Uhr abends langsam durch die im Kerzenlicht glänzenden Räume König Friedrichs I., die nur zu diesem Zweck geöffnet wurden. Als Page hat im Schloß ein dreizehnjähriger Schüler Dienst: der junge Achim von Arnim, der staunend sah, wie Luise «gesenkten Hauptes, im Glanze ihrer Schönheit, langsam durch

«Sie gefiel allen Männern, mit Ausnahme des eigenen Gatten» – Zwei Tage nach der Schwester wurde die fünfzehnjährige Friederike mit Ludwig, dem Bruder des Kronprinzen, vermählt.

die gedrängten Räume schritt». Selbst die beiden anwesenden Königinnen, die Witwe Friedrichs des Großen und die Mutter des Bräutigams, sind von der Schönheit und Würde der Braut beeindruckt. «Die Königskrone in ihrem aschblonden Haar stand ihr entzückend.»

In der Mitte des Weißen Saales war unter einem rotgoldenen Baldachin der Altar errichtet, um den sich die Familienmitglieder, Staatsminister und Generäle gruppierten. Die Trauung vollzog der Oberhofprediger Sack, der den Kronprinzen seit seiner Geburt kannte, ihn getauft und konfirmiert hatte. Er weiß, was seinem Zögling am meisten fehlt, und richtet an Luise die Bitte: «Von Eurer Königlichen Hoheit erwartet der Prinz, für den Sie zu leben geloben, was Würde und Macht ihm nicht geben können: das heilige Glück der Freundschaft.»

Der Kronprinz war, «ungeachtet seines kühl ernsten Gesichtsausdrucks, aufs tiefste von seinem Glück durchdrungen». («Seien Sie ganz überzeugt», hatte in Luises Dezember-Brief gestanden, «daß ich Ihnen gut bin und Sie liebe, daß ich alles nur Mögliche tun werde, um Ihnen zu gefallen und Sie glücklich zu machen.») Nach dem Ringwechsel verkündeten zweiundsiebzig Schüsse den Berlinern die vollzogene Trauung. Die Gesellschaft begab sich in den Rittersaal, wo die Abendtafeln gedeckt worden waren.

Bis heute blieben die unveröffentlichten, handgeschriebenen Listen des Hofmarschalls erhalten, betitelt «Zum Beilager-Tage Sr. Königl. Hoheit des Kronprinzen, an welchem vom Goldenen Service gespeißt wird». Demnach hatte man eine einzigartige Speisenfolge arrangiert. Wählen konnten die Gäste zwischen diversen Vorspeisen, es gab «frische und gebratene Austern. Sardellen Salath. Filés von Zander à la Condé. Ausgebackene Stinte oder Große Muscheln en Ragout». Es wurden weiterhin gereicht: «Pastete von Gänselebern. Eier à la Gelée garniert mit Croûtons veloutés. Emince von Kalekunen à la Béchamel.» Dann folgten: «Ochsenzungen mit Sauce rouge en balustrade. Gebratene Fasahnen. Gebratene Haselhühner. Gebratene Kapaunen. Filés von Rebhühner mit Trüffeln-Sauce und croquets.» Es gab dazu «Gratin von Krametsvögeln mit Wacholder-Sauce, Schoten und Mohrrüben, Croût von Champignons und Spargel coupés mit kleinen Fricandeaux». Auf goldenen Desserttellern – einem Service von Friedrich dem Großen – reichte man nicht weniger als zwölf Süßspeisen, darunter «Romanische Kuchen en Turban. Pommes en robe de chambre. Makronen Torte mit kleiner Grotte. Portugiesische Torte mit kleinem Tempel. Gélée von Himbeeren».

Einer altmodischen Etikette entsprechend mußten die Hochzeitsfeierlichkeiten auf eine Weise beendet werden, die Friedrich Wilhelm schon damals lächerlich fand. Kurz vor Mitternacht wurde ein noch aus den Tagen des Großen Kurfürsten stammender «Dance de Flambeaux» getanzt, bei dem die Staatsminister mit Fackeln vorausschritten, während der Bräutigam mit allen weiblichen, die Braut mit allen männlichen Mitgliedern des Königshauses tanzen mußten.

Auch das bisher ungedruckte Protokoll ist erhalten, das die Reihenfolge vorschrieb. Luise tanzte mit dem König und dem uralten Prinzen Heinrich, mit den Schwägern Wilhelm und Ludwig, ihrem Vater und Georg. Der Bräutigam führte seine Mutter und die Großmutter Landgräfin, dann die Schwägerinnen Friederike, Charlotte und Therese, schließlich Luise

Radziwill zum Tanz, die alles brennend interessant fand, besonders «das Festmahl, der Fackeltanz und die Entkleidung der Braut».

Die «Entkleidung der Braut» war ein damals schon unzumutbarer Vorgang. Die Oberhofmeisterin teilte das in Stücke geschnittene Strumpfband der Braut an Zeugen der Vermählung aus, und zwar in den Privatgemächern des Schlosses, in die sich das Brautpaar, bis zuletzt von Zuschauern umringt, nach Mitternacht endlich zurückziehen durfte.

Am anderen Morgen bemerkte die Königin mißbilligend, daß ihr Sohn in dieser Nacht Luise das Du angeboten hatte.

Die Hochzeit Friederikes mit Ludwig findet am zweiten Weihnachtsfeiertag, dem 26. Dezember 1793, nicht weniger feierlich statt. Nur der Prinz benahm sich, allen sichtbar, äußerst frostig. Friederike nahm seine Kälte mit erstaunlicher Gelassenheit zur Kenntnis. Später notiert Luise Radziwill: «... sie war bezaubernd und voller Anmut; sie gefiel allen Männern – mit Ausnahme des eigenen Gatten. Die Liebkosungen, mit denen sie ihn in etwas affektierter Weise überschüttete, waren ihm zur Last. Doch wer weiß, ob ihr Charakter sich nicht vorteilhafter entwickelt und manche Klippen vermieden haben würde, wenn er sie nur geliebt hätte.»

Friederike meidet Klippen durchaus nicht und nicht den Reiz fremder Liebschaften. Doch zunächst ist ihr Verhalten mustergültig, und ihre engste Vertraute ist Luise.

Die Wohnungen der beiden Paare lagen, durch einen Architekturbogen miteinander verbunden, unmittelbar nebeneinander. Friedrich Wilhelm und Luise bezogen das Kronprinzenpalais Unter den Linden, in dem schon Friedrich Wilhelm II. geboren worden war. Durch das Geschick des Grafen Brühl wurde es im klassizistischen Stil so kostbar und modern ausgestattet, daß selbst der Kronprinz entzückt war. Das Leben des Paares würde sich ausschließlich in diesem Palais abspielen. Auch als König übersiedelte Friedrich Wilhelm nicht ins Schloß. Graf Brühl, dem 23 000 Taler zur Verfügung standen, ließ die morschen Treppen reparieren, die Spiegel ergänzen, die Wände teils mit Damast-, teils mit bemalten Papiertapeten bekleiden, die Leisten vergolden. Die Möbel aus Mahagoni mit Bronzebeschlägen wurden in Berlin gefertigt. Elegantester Raum ist das Schlafzimmer der Kronprinzessin mit einer farbigen Decke, goldgeränderten Seidenvorhängen, hinter denen das Bett, unter einem Baldachin aus blauem Atlas verborgen, steht. Zwei Säulen gliedern den Raum, in dessen wohnlichem Teil antike Räuchergefäße, Luises Gitarre und eine Äolsharfe stehen, daneben auf einem Tisch die Bibel, die sie als Siebenjährige bekam und die Friedrich Wilhelm in den Befreiungskriegen bei sich trug.

«Sie hat mit meinen Schwächen vorlieb genommen, ich ihre Schwachheiten ertragen, denn wer hätte deren nicht, und so waren wir dennoch glücklich, unaussprechlich glücklich miteinander …»

Es war keine einfache Ehe, die 1794 im Kronprinzenpalais begann. Was in verliebten Darmstädter Stunden beschworen worden war, sollte nun unter anderen Bedingungen in Berlin gelebt werden. Ganz ohne Reibungen konnte das Zusammensein derart unterschiedlicher Naturen nicht abgehen.

Luise besaß durchaus Eigenschaften, die ihr Ehemann unerträglich fand und ändern wollte. Konnte sie ihren Hang zur Unordnung nicht bekämpfen? Noch mehr ärgerte er sich über ihre Unpünktlichkeit. Sie blieb morgens zu lange im Bett, ließ sich auf einem Tablett das Frühstück bringen, trödelte und verspätete sich, was in ihrer Stellung unmöglich und Anlaß zu Vorwürfen war. «Ihr Verhalten», schreibt Friedrich Wilhelm, «gab denn freilich zwischen uns manche Veranlassung zu kleinem Zwist.» Eylert sah die Charaktere der Eheleute als Gegensätze: «Er ernst, sie freundlich, er kurz, sie erklärend, er voll Sorge, sie erheiternd, er prosaisch, sie poetisch, er praktisch, sie idealisch …»

Unmittelbar nach Luises Tod, als der einsame König sich Rechenschaft über ihre Gemeinsamkeit geben will, zeichnete er ihr Leben auf. Er schrieb auf lose Blätter, die er unter einer römischen Marmorbüste auf dem Kaminsims in Schloß Sanssouci versteckte und bei jedem Besuch heimlich hervorholte: «Vom Leben und Sterben der Königin Luise». Dabei ist er in seiner korrekten, bis zur Unbarmherzigkeit strengen Aufrichtigkeit nicht gerade behutsam. Er beschönigt nichts. «So groß in meiner Frau auch das Bedürfniß nach höherer Bildung lag, so fehlte es ihr doch an dem dazu erforderlichen Fleiß … Mehr als einmal ließ sie wißenschaftliche Männer zu sich kommen, denen sie auftrug, ihr regelmäßigen Unterricht zu geben … Allein mannigfaltige Störungen und Unterbrechungen, Reisen usw. machten, daß nie etwas vollständiges, zusammenhängendes daraus werden konnte …» Wenn er von Luises Bequemlichkeit und ihrem mangelnden Leistungswillen spricht, wird sie nicht geschont.

Es ärgerte ihn, daß Luise vieles anfing und nichts zu Ende führte, das betraf ihre Lektüre ebenso wie die «weiblichen Handarbeiten». Sie besaß Talent zum Zeichnen und Malen, aber der Zeichenunterricht bei Genelli wurde bald wieder aufgegeben. Ihre Musikstunden setzte sie nicht konsequent fort. Luise war, wie die meisten Frauen damals, in ihrer Jugend geistig unterfordert und nie zu einer gründlichen oder gar systematischen Tätigkeit angehalten worden. Nun fehlten ihr Ehrgeiz und Ausdauer, um das Versäumte nachzuholen. Aber ihr fehlte auch die Zeit, da ihr Mann sie fast völlig beanspruchte. Er gesteht: «Überhaupt machte mir meine Frau manchmal den Vorwurf, daß ich selbst sie abhielt, ihre Zeit nützlicher anzuwenden.»

Der Kronprinz war dagegen übertrieben pünktlich und so ordentlich, daß man es schon als Pedanterie bezeichnen mußte. («Stur wie ein Maulesel», schreibt die Gräfin Voß.) Er konnte Klavier spielen, tat es aber nie, besaß Talent zum Malen, fand aber kaum die Ruhe, es auszuüben. Am Schlimmsten für Luise waren seine «humeurs», die Launen, die oft in einem unerklärlichen Pessimismus endeten. Außerdem war Friedrich Wilhelm so egoistisch, daß es ihn kränkte, wenn Luise andere Menschen um sich hatte. Er war beleidigt, wenn Freunde bei ihr waren, während er sich, «von den Staatsgeschäften ermüdet», auf eine Unterhaltung gefreut hatte. «Sie sah eigentlich auch nur selten diese Personen, da sie wußte, daß ich nicht gern sah, wenn zu oft Besuch zu uns kam.» Man kann sich vorstellen, wie Luise zumute war, sich stets nach ihm richten zu müssen. «Dieß war aber ganz natürlich, denn wenn meine Ernsten Geschäfte vorüber waren, sah ich es allerdings gern, mit ihr einige Zeit zu verplaudern und mich zu erheitern.» Es blieb ihr nichts anderes übrig, als sich zu fügen.

Die ersten Monate des Jahres 1794 erlebte die Kronprinzessin wie in einem Rausch. Sie genoß ihre gesellschaftlichen Erfolge, die Bewunderung, die ihrer Person in Berlin entgegenschlug. Man schien von ihrer Eleganz, ihrer Liebenswürdigkeit zu schwärmen.

Mit einer Aufführung von Glucks Oper *Armida* begann am 6. Januar 1794 in Berlin der Karneval und damit eine Folge ununterbrochener Vergnügungen. Man überbot sich, den Kronprinzen und seine junge Gattin zu Bällen, Maskenfesten, Konzerten bei sich zu sehen. Zur Karnevalssaison erschien im Januar 1794 auch Prinz Louis Ferdinand im Kronprinzenpalais: groß, blond und selbstbewußt, stolz bis zur Arroganz, musikalisch und voller Ideen. Bald war es offenkundig, daß er nicht nur kam, um die Festivitäten zu besprechen: die Kronprinzessin hatte es ihm angetan.

Friedrich Wilhelm verhehlte kaum seine Abneigung, aber schließlich konnte er Luise den Umgang nicht verbieten. Seiner Meinung nach war der Prinz politisch und menschlich genauso unzuverlässig wie früher, auch wenn er sich im Sommer 1793 beim Feldzug gegen die Franzosen durch große Tapferkeit – er hatte einen Verwundeten auf seinen Schultern vom Schlachtfeld getragen – einen Orden verdient hatte und man immer noch neidvoll zugeben mußte, daß er von äußerst gewinnendem Wesen war. Außerdem verkehrte Louis Ferdinand in bürgerlichen Häusern und intellektuellen Berliner Salons wie dem der Rahel Levin, späteren Rahel Varnhagen, wo er sich «mit unstandesgemäßen Freundinnen» umgab und eine Meinung vertrat, die sich mit der des königlichen Hauses schlecht vertrug.

Wie es scheint, schlug Luise seine Warnungen in den Wind. Im Tagebuch der Oberhofmeisterin steht unter dem 26. Januar 1794 die Eintragung: «Früh kam der Prinz Louis Ferdinand, der wegen Masken-Kostümen mit der Prinzessin sich verabreden wollte. Ich kann die Freundschaft mit ihm nicht gutheißen …»

«Szenen ohne Ende»

Streit in Berlin, Versöhnung in Potsdam. 1794

Berlin war um 1800 die viertgrößte Stadt Europas. Mit hundertachtzigtausend Einwohnern folgte es auf Wien, Paris und London, ohne sich mit diesen Hauptstädten alter Reiche an Größe und Pracht messen zu können. Vor ihrer Abfahrt aus Darmstadt hatten die Prinzessinnen begierig «Gravüren» mit Ansichten von Berlin betrachtet. Doch jede gemalte Vedute wurde überboten von dem, was sich ihren Augen bot. «Berlin ist mehr ein Weltteil als eine Stadt», bemerkte Jean Paul. Imponierend erhob sich das erst zwei Jahre zuvor nach antikem Vorbild errichtete Brandenburger Tor, das jetzt, 1794, vom Bildhauer Schadow mit einem Viergespann bekrönt wurde. Das Königliche Nationaltheater auf dem Gendarmenmarkt wurde flankiert von zwei Domen, dem deutschen und dem französischen, deren stolze Säulenreihen an römische Bauten erinnerten.

«Alles hat hier einen Anstrich von Großartigkeit, Geistigkeit und Liberalität», sagte Grillparzer.

Vom Pariser Platz aus, an dem sich die barokken Stadtpalais befanden, führte die Prachtstraße Unter den Linden, ihrer Vornehmheit und Einmaligkeit wegen in ganz Europa berühmt, bis zum Dom und dem Königlichen Schloß an der Spree, das in seinen Sälen und Kammern mit den herrlichsten Kunstwerken angefüllt war. Die «Linden» verdankten ihre Schönheit vornehmlich den Bauten Friedrichs des Großen. Hier erhob sich Schlüters Zeughaus mit seinen mächtigen barocken Fassaden und gewaltigen Skulpturen, hier standen das Palais des Prinzen Heinrich, die Akademie und die Hedwigskathedrale, die elegant geschwungene Bibliothek und das berühmte Opernhaus. Die «Linden» waren Luises vertraute Umgebung – doch um sich wohl zu fühlen, brauchte sie Natur. Sie ritt durch den Tiergarten, den der Große Kurfürst als Wildrevier hatte anlegen lassen, spazierte durch den Lustgarten oder kutschierte zu den Zelten, wo die vornehme Welt unter drei Baumreihen flanierte. Dazu kamen Ausflüge in die zahlreichen Schlösser. Das «liebe Charlottenburg» und das freundliche

Sanssouci waren, auch als Schloß Paretz umgebaut war, ihre liebsten Aufenthaltsorte. Im Berliner Stadtschloß standen ihnen zehn Zimmer zur Verfügung, in Potsdam das Neue Palais, die Neuen Kammern. Regelmäßig besuchte man außerdem die königlichen Verwandten in den umliegenden Schlössern Bellevue, Schönhausen und Rheinsberg, in Friedrichsfelde, Freienwalde, Köpenick und Schloß Monbijou. Zur Erholung diente der zauberhafteste Ort von allen, das von Wasser und Wiesen umgebene, von hohen Bäumen beschattete und von Kähnen umschiffte Sommerschlößchen auf der Pfaueninsel.

Noch genießen Friedrich Wilhelm und Luise ihre Flitterwochen in Berlin, und das um so ausgiebiger, seit er mit einem Abmarschbefehl rechnen muß. Der König hat angekündigt, daß der wichtigste Kriegsschauplatz demnächst in Polen sein wird. Die zweite polnische Teilung hat Verbitterung sowohl bei den Polen als auch den rechtlich denkenden Landsleuten ausgelöst und eine Lage heraufbeschworen, die seine Anwesenheit am Ort des Geschehens nötig macht, und seine Söhne sollen ihn begleiten.

Es ist Karnevalszeit, man amüsiert sich und

durchtanzt die Nächte. «Mach Dich darauf gefaßt, daß ich bald sterben werde», schreibt Luise übermütig am 25. Februar 1794 an Therese, «denn seitdem ich mit diesem Brief begann, habe ich immer nur getanzt und bis zu meinem Geburtstag finden noch sieben Bälle statt ... Morgen ist Ball bei der Königinwitwe, übermorgen große Gesellschaft bei mir, Freitag Ball bei dem Grafen Alvensleben ... am Sonnabend bei Podewils und am Sonntag bei dem König. Da kann man wirklich seine Seele verlieren und sein Testament machen.»

Leichtsinnige Worte. Vergeblich warnte Frau von Voß die Siebzehnjährige vor einem Zuviel an Vergnügungen und schlechtem Umgang. Sie ist verärgert. Luise tanzt zuviel mit Prinz Louis Ferdinand. Sophie von Voß, Luises Oberhofmeisterin, Hüterin von Anstand und Etikette, ist vierundsechzig Jahre alt und eine imponierende Erscheinung, groß, elegant und würdevoll. Seit dreißig Jahren steht sie in den Diensten des Hofes. In ihrer Jugend galt die blonde Sophie von Pannwitz als bewunderte Schönheit, deren tragische Liebesgeschichte allen im Gedächtnis ist. Prinz August Wilhelm, Vater des jetzigen Königs, hatte sie geliebt und zur

Frau begehrt; um einen Skandal zu vermeiden, heiratete sie in bewundernswert preußischer Disziplin einen ungeliebten Vetter. Als Witwe zog sie sich auf ihr Gut Werneuchen zurück, bis der König sie bat, seiner jungen Schwiegertochter als Hofmeisterin zur Seite zu stehen. Der Anfang war nicht leicht. Die Voß, zur Gräfin erhoben, war bereit, ihr alles Nötige «in Betreffe der Moral und Sitte» zu sagen. Aber Luise wehrte sich gegen Bevormundung, und ihr Selbstbehauptungswille wuchs in dem Maße, in dem «die Voß» sie zu reglementieren versuchte. Jetzt zeigte sich die Kehrseite ihrer Erziehung: sie war es nicht gewöhnt, sich ihren Umgang vorschreiben zu lassen!

Warum soll sie das Vergnügen, geliebt zu werden, nicht genießen? Wo sie erscheint, strahlen die Gesichter. «Du kannst Dir schwerlich den göttlichen Vormittag vorstellen – Aber ich kann nicht fortfahren, denn da erscheint meine Schwester, die mich mit einem Zweisitzer abholt, um gemeinsam eine Spazierfahrt durch den Thiergarten zu machen.»

Sie hat die Frechheit, das bis Regensburg zu melden! Nichts von dem, was sie unternimmt, ist erlaubt. Eine Kronprinzessin fährt nicht ohne Hofdame allein mit ihrer Schwester durchs Gelände! Es ist unschicklich und beispiellos. Es kommt zu Klatsch und Gerede, nichts haßt der Kronprinz mehr. Was für Darmstadt gilt, ist in Berlin unmöglich. Sie protestiert. Vergessen sind ihre Beteuerungen, seine Wünsche interessieren sie überhaupt nicht, und erst recht nicht die Kritik der Voß oder gar der jüngeren Hofdame, Henriette von Viereck, die sie nur ausspioniert.

Die Königin sieht ihre Vorurteile bestätigt und beschwert sich empört bei der Großmutter über Luises Vergnügungssucht, die sich in ungezügelter Tanzlust äußere. Hatte sie nicht vorhergesagt, daß diese Schwiegertochter schlecht erzogen sei?

Es gärt, und im Kronprinzenpalais bahnt sich eine Krise an. Friedrich Wilhelm nimmt Luise übel, daß sie mit subalternen Offizieren tanzt, Gerede auf sich zieht und den Prinzen Louis Ferdinand vor aller Augen bevorzugt. Sie reagiert ungewohnt heftig. Es beginnt ein Machtkampf, dessen Ende nicht abzusehen ist. Luise ist sich keiner Schuld bewußt und verteidigt ihre Selbständigkeit wie ein heiliges Privileg.

Die Anwesenheit von Prinz Louis Ferdinand trägt zur Verschärfung der Situation nicht unwesentlich bei. «Er war groß, schön wie Apollo», sagt Marwitz. «Bei allen diesen Eigenschaften war es kein Wunder, daß er der Liebling aller Frauen war, was er gehörig zu benutzen verstand.»

Am 10. März 1794, dem Tag, an dem Luise im Berliner Schloß ihren achtzehnten Geburtstag feiert, kommt es zum Eklat. Der König hat ihr großzügig das Schloß Oranienburg geschenkt. Man feiert vergnügt, da betritt der Prinz den Saal. Seine Erscheinung fällt sofort auf. «Edle Züge, eine hohe Stirn, eine etwas gebogene Nase, kleine blaue Augen von dreistem Blick, lebhafte Farbe, blondes gelocktes Haar», so schildert ihn Clausewitz. Louis Ferdinand ist ein hervorragender Tänzer, ein glänzender Unterhalter, sein Lachen ist unwiderstehlich.

Er war gekommen, um der Kronprinzessin seine Huldigung darzubringen. So wie er war, in Stiefeln und Überrock, stürmte er in den Saal. «Er war größer und schöner geworden, sein ungepudertes Haar und sein äußerst eleganter Reiseanzug verliehen ihm etwas Fremdartiges», schreibt seine Schwester. «Ich fand, daß mein Bruder noch sehr an Charme gewonnen hatte.»

Dieser Charme blieb auf Luise nicht ohne Wirkung. Noch lange, nachdem sie sich innerlich von ihm zurückgezogen hatte, wurde sie blutrot im Gesicht, wenn Oberst von Massenbach gesprächsweise die Rede auf ihn bringt. Eine Art Verstörtheit, ja Furcht vor diesem verführerischen Mann, der sich «wie ein Chamäleon» für jede Frau zu ändern verstehe, ist auch aus einem bisher unveröffentlichten Brief zu erkennen, den Luise drei Jahre nach dem Geburtstag, 1797, an Friederike schrieb, die der Faszination des schönen Mannes erlegen und entschlossen war, ihn zu heiraten. Der heftige Ausdruck, mit dem Luise die Schwester bestürmte, von ihrem Vorhaben abzulassen, enthüllte ihre eigene erotische Gereiztheit. Einen Lügner, Falschspieler nannte sie den Prinzen, «und ich schwöre Dir, daß er Dich mißbraucht, wenn er Dir sagt, daß er Dich liebt».

Nicht lange nach dem Geburtstag kommt es im Kronprinzenpalais zu einem Ausbruch. Von einer «großen Szene» ist die Rede, begleitet von Wutausbrüchen und Tränen. Zum erstenmal in ihrem Leben sieht Luise eine Wand aus Hartnäckigkeit und männlicher Überheblichkeit vor sich. Aber auch sie ist hartnäckig! Die Prinzessin sei «unklug» und «unerträglich», schreibt Frau von Voß ins Tagebuch und fügt hinzu: «Szenen ohne Ende».

Vieles kam zusammen, um Luises Gereiztheit zu erklären. Diese ewige Etikette. Kein Schritt ohne diese Aufpasserinnen! «Ihrer Liebden Hofstaat» war, dem Ehekontrakt entsprechend, nicht eben klein. Außer der Oberhofmeisterin und den drei Hofdamen, den Kammerherren und Pagen gab es «zwey Garde Robe-Jungpfern, zwei Kammerfrauen, eine Leibwäscherin, zwey Porteurs und sechs Laquayen», von denen einer der spätere Bildhauer Christian Daniel Rauch war, der das Grabmonument der Königin schuf. Außerdem verfügte sie über «einen Kutscher nebst Vorreuter und Stallgehülfen», dazu Küchenmeister und zwei Köche, Küchenfrau und -knecht sowie Kutscher und Vorreiter für die Hofdamen. So hatte sich die mecklenburgische Prinzessin, die bisher nur eine Jungfer hatte, das Leben nicht vorgestellt! Wie vermißte sie die Güte der Großmutter angesichts der Voß! Aber die Familie ist fern, niemand war da, bei dem sie sich aussprechen könnte. «Die Leere, die in meinem Haus ist, ist wirklich unbeschreiblich ... Gestern war ein harter Tag für mich, ich war über alles Maß melancholisch und traurig ...»

Der Kronprinz ging seinen militärischen Aufgaben nach. Die einzige, die ihr bleibt, ist Friederike, aber die unreife Sechzehnjährige kann ihr keine wahre Freundin ersetzen. Im Gegenteil, sie stürzt sich in verbotene Abenteuer und zieht sie mit hinein! Beide merken nicht einmal, daß Intrigen und Klatsch in dieser Stadt auf Schritt und Tritt blühen! Wohin Luise geht, ob sie nach Charlottenburg fährt, ausreitet oder in der Oper die Loge betritt – überall wird sie mit Neugier verfolgt. Das kleine Darmstadt mit kaum zehntausend Einwohnern war harmlos dagegen. Selbst in den eigenen vier Wänden ist sie vor Spionen nicht sicher. Immer erfährt der König schon im voraus ihre Pläne! Offenbar unterhält er eine vertrauliche Beziehung zu ihrer Hofdame Henriette von Viereck.

Es war nicht leicht, sich ohne diplomatische Finessen auf dem gesellschaftlichen Parkett Berlins zu behaupten. Nicht jedem hat ihr Er-

Temperamentvoll, hochmusikalisch und «schön wie ein Gott»: Prinz Louis Ferdinand, heimlicher Rivale des Kronprinzen.

scheinen auf Bällen und Festen gefallen. «Es gehörte zu den Schwächen der Königin, nicht bloß zu tanzen, sondern sich auch tanzen sehen zu lassen», fand der Freiherr vom Stein. «Es wurde als anstößig angesehen, daß die Königin sich so in Szene setzte, um vor einem Zuschauerpublikum von zweitausend Menschen zu figurieren. Die Damen auf den Sofas, in antiker Freiheit gelagert, scherzten, entzückten und überboten sich, von den Herren bewundert zu werden …»

Zusätzlich zur Gefallsucht wirft der gefürchtete Minister Luise auch «Oberflächlichkeit des Geistes» und «mangelhafte Bildung» vor.

Wie könnte sie sich «bilden»? Der Trubel hat eine verzweiflungsvolle Leere hinterlassen. Die Klage der Rahel Levin über die mangelhafte Ausbildung von Frauen – «Ich bin wie in einem Walde aufgewachsen, mir wurde *nichts* gelehrt» – galt auch für sie. Sie sehnt sich nach Unterrichtung, nach guter Lektüre, bittet Therese um eine Bücherliste. Ein wunder Punkt ist außerdem das Geld. Das monatliche Schatullgeld von sechshundert Talern reicht nicht aus, um das kostspielige Leben, die in Paris bestellte Garderobe, die Geschenke, die der neue Rang erfordert, zu bezahlen. Luise hat Schulden. Sie wird mit der Situation nicht fertig, benimmt sich aufsässig gegen die Voß und rebellisch gegen ihren Mann.

In einem energischen Schreiben wies der König seinen Sohn an, sich Geltung zu verschaffen und seiner unbesonnenen und launenhaften Gattin klarzumachen, daß sie, wie jede Frau, dazu da sei, dem Willen ihres Gatten zu gehorchen. Wenn nötig, solle er sie nach seiner Hand reiten und «bisweilen den Sporen gebrauchen». Die Antwort des Kronprinzen ist vornehmer als die drastische Ausdrucksweise seines Vaters. Er verteidigt seine Frau. Ihr Verhalten, der Umgang mit unpassender Gesellschaft seien nicht ihrem Charakter anzulasten, sondern Ausdruck ihrer Lebhaftigkeit. Er beruhigt den König und läßt Luise wissen, daß er immer für sie eintreten werde. «Das Herz ist nicht böse», hatte ihm Luise geschrieben. Was sie ihm bisher nur angedeutet hatte: sie erwartete ihr erstes Kind.

Mit dem Befehl, in Richtung Osten aufzubrechen, konnte täglich gerechnet werden, zumal Ende März 1794 in Krakau ein Aufstand gegen die Unterwerfung König Stanislaw Poniatowskis und die völkerrechtswidrige polnische Teilung ausbrach. Dennoch verließ das Kronprinzenpaar am 1. April 1794 Berlin und siedelte ins Schloß von Potsdam über, wo das Regiment des Kronprinzen mit den Frühjahrsmanövern begann. Wie sich herausstellte, konnte für das zerstrittene Paar nichts segensreicher sein als dieser Ortswechsel. Weder Prinzen noch Hofchargen, weder Intrigen noch gesellschaftliche Verpflichtungen trübten hier das Zusammensein. Von einem Tag auf den anderen ist es mit Eifersucht und Streit vorbei.

Ausgerechnet das militärische Potsdam wird für sie und Friedrich Wilhelm zu einem irdischen Paradies. «Die sechs Wochen, die ich in Potsdam mit ihm zugebracht habe, waren unstreitig die glücklichsten meines Lebens ... So ganz nach seinem Willen hab' ich gelebt ...» Wenn sie durch Friederike von den Berliner Amüsements hörte: «... heute ist großer Ball oder heut ist groß Konzert und Souper – Ach, da war ich vergnügt, mich an der Seite meines Mannes zu finden, in einer Linonchemise und unfrisierte Haare, und ihm recht vorschwatzen zu können, wie sehr ich ihn liebte und schatzte ...» Abends kutschierten sie im Einspänner durch die Natur, lasen sich vor, saßen auf dem Sofa, «aßen Kirschen», benahmen sich ganz ohne «Gêne und Etikette». Luise nämlich lief mit offenem Haar und im einfachen Kleid herum, glücklich sei sie und nannte dafür auch unumwunden den Grund: «... ich schreibe Dir und anderen und lebe zum Vergnügen meines Mannes.» Georg ist der einzige, der erfährt, was keine Schwester ihrem Bruder offener sagen kann: daß sie körperlich und geistig, seelisch und erotisch befriedigt ist, eine Frau, die «zum Vergnügen ihres Mannes» lebt und, wie sie nicht verbirgt, auch zu ihrem eigenen.

Die Potsdamer Idylle wird durch die längst befürchtete Einberufung beendet. Der König hatte sich verpflichtet, die Zahl der preußischen Truppen im Osten zu erhöhen. Nach einem zweiten Aufstand in Warschau erging der Befehl, vierzigtausend Soldaten zum Einsatz in Polen mobil zu machen. Der König und seine Söhne fuhren am 15. Mai 1794 ab, von den jungen Frauen bis Steinhövel begleitet, dem Schloß des Hofmarschalls Valentin von Massow. Von dort gingen die Männer über Frankfurt an der Oder nach Posen und Wolla, wo sich das preußische Hauptquartier befand. Luise bleibt verheult und merkwürdig kleinlaut zurück. Nie wieder hat sie so tränennasse Briefe geschrieben wie in diesen Sommermonaten von Mai bis September 1794; vielleicht lag es an der Schwangerschaft.

Am 6. Juni 1794 wurde der polnische General Kosciusko von den Preußen besiegt, Krakau ohne Widerstand besetzt. Der König ging nach Warschau, hielt aber seinen ältesten Sohn dem eigentlichen Kriegsschauplatz fern. Darüber war Friedrich Wilhelm wütend. Das ganze Unternehmen, schrieb er, sei die «elendeste Idee von der Welt», und «elend» die ihm aufgetragenen Scheinattacken.

«Elend» fühlt sich auch Luise, die jetzt mit der ebenfalls schwangeren Friederike in Sanssouci wohnt. «Welch ein Unterschied gegen die früheren Abende – als ich Dein flaches leeres Bett sah, geriet ich ganz außer mir …» Ihre Liebesbriefe werden durch Militärstafetten zwischen Polen und Potsdam hin- und herbefördert. «Als ich gestern im Garten des Königs spazieren ging, dachte ich an unseren letzten Spaziergang, bei dem ich immer Deine Hand hielt … wahrhaftig, ich liebe Dich über alles.»

Mit Sinn für Schönheit und Eleganz im Stil des Klassizismus: Das Wohnzimmer der Königin Luise im Potsdamer Schloß.

Der Kronprinz seinerseits ist geradezu betroffen darüber, wie sehr er sie vermißt. «Sollte man nicht sagen, daß es töricht wäre, sich eine Frau zu nehmen, der man so mit Leib und Seele zugetan ist?» In Gedanken an Potsdam betont er seine Männlichkeit; er habe erotische Träume, in denen er sie «zu umfassen glaube», «tausend süße Freuden und glückliche Stunden» werden ihn das Erlittene wohl vergessen machen. Seiner Mutter beteuert er (in einem unveröffentlichten Schreiben aus Posen), daß Luise ihre Fehler nicht wiederholen werde, denn ihr Charakter sei «excellent» und ihr Verhalten nur «den Leuten ihrer Umgebung» anzulasten.

Luise gewann ihre Haltung zurück, ihre Tränen wichen einer nüchternen Betrachtung der Situation. Sie teilte den Ärger des Kronprinzen über das schlecht vorbereitete preußische Vorgehen in Polen und die mangelnde Kooperation der Russen. Schon damals begann sie, sich zu politischen und militärischen Operationen zu äußern, zwar halb entschuldigend, er werde über ihre «politischen Gedanken» lachen, dennoch entschieden: sie habe sich in den Verbündeten nicht getäuscht: «... wenn man sie braucht, lassen sie einen in der Sauce allein.» Daß es Preußen am Rhein nicht anders machte und die Verbündeten im Stich ließ, kommentiert sie nicht. Politisch naiv, übernimmt sie vorschnell seine Meinung: «Du bist Spielball, wie mir scheint ... Ich wüßte gern, weshalb man Dich in Polen spazierenschickt.» Sie habe ganz recht, stimmt er zu, er sei ein Spielball. «Nie habe ich solchen Feldzug gesehen! Man möchte vermuten, dies alles geschieht, um mir den Krieg gründlich zu verekeln, und das ist gelungen, er steht mir schon bis an den Hals ...»

Die Polen verteidigten sich mit heldenhafter Zähigkeit. «Die Blessierten kamen immer haufenweise zurück», berichtet der Kronprinz, «der Anblick war schrecklich, die Tränen standen mir und mehreren in den Augen.» Seine Frau zu Hause denkt wie er, «es ist wahrhaftig, um die Schwarzegelbsucht zu bekommen». Außerdem hat sie Ärger mit ihrer Oberhofmeisterin, deren «anmaßenden Ton» sie nicht leiden kann, «und wenn sie das bemerkt, so ist sie mannigmal so kriechend, daß ich sie treten könnte ...» Nichts von Sanftmut und Güte. In Sanssouci spielt sich ein weiblicher Machtkampf ab. «Die Voß» habe den Krach inszeniert, um einen Vorwand zur Kündigung zu haben, schreibt Luise, «sie hat sich aber sehr in ihrer Rechnung getäuscht …»

Um weitere unnötige Opfer in Polen zu vermeiden, wird die Belagerung Warschaus abgebrochen. Der König ordnete den Rückzug an, den sein Sohn als beschämend empfand, und überließ den Russen das Feld. General Suworow nahm Warschau ein. 1795 wurden Preußen nach der dritten polnischen Teilung große Gebiete bis zum Njemen und Bug zugesprochen. Polen war von der Landkarte gelöscht.

Luises Niederkunft stand bevor, und sie hoffte, ihren Mann wenigstens «in den Wochen» bei sich zu haben. Ihr alter Humor kehrte zurück: «Wenn Du mich sehen könntest, würdest Du gewiß im ersten Augenblick zweifeln, ob ich es bin, die die Ehre hat, Deine Frau zu sein; denn ich versichere Dir, ich bin ein kleines dickes Ungetüm, nichts als Bauch, von welcher Seite Du es auch betrachten magst.»

Ende September trafen die Prinzen in Berlin ein. «Folle, Splitter, rasend, toll vor Freude, kaum fähig, die Feder zu führen» – mit diesen Worten, die sie in einem fast kindlichen Überschwang immer gebraucht, wenn sie sich wahnsinnig freut, begrüßt Luise den Kriegsheimkehrer. Durch ein Versehen des Hofmarschalls von Massow stürzt sie auf der Treppe des Kronprinzenpalais unglücklich hin und verletzt sich. Wenige Tage später, am 7. Oktober 1794, bringt sie das mit Ungeduld erwartete Kind zur Welt. Es wird eine schwere Entbindung, die Mutter ist schwach, der Arzt bewundert ihre große Tapferkeit. Das Neugeborene, eine Tochter, ist tot.

«Meine Prüfungszeit wird beginnen ...»

Die Stufen zum Thron. 1795–1797

Ein größerer Gegensatz als der zwischen dem König und seinem ältesten Sohn war kaum vorstellbar. Das betraf auch ihre Ansichten von einer vernünftigen Politik. Der Kronprinz plante unter seiner Regierung mit allem Schluß zu machen, was den Geboten der Gerechtigkeit, Unbestechlichkeit und Sparsamkeit widersprach. Als der Sechsundzwanzigjährige seine «Gedanken zur Regierungskunst» niederschrieb, ahnte er nicht, wie bald er Gelegenheit haben würde, seine Ideen in die Tat umzusetzen.

Denn die Bilanz seines Vaters sah schlecht aus. Eine Finanzkommission befand, daß die Ressourcen erschöpft seien und unverzüglich Frieden geschlossen werden müsse. Das geschah, aber die militärischen Unternehmungen gegen Frankreich und Polen hatten das Vermögen verbraucht und die Gesundheit des Königs untergraben. Der Sonderfrieden von Basel, den die Minister von Haugwitz und Graf Hardenberg im April 1795 unterzeichneten, erwies sich als segensreich: er garantierte die Neutralität für ganz Norddeutschland, so daß sich in Preußen über einen Zeitraum von zehn Jahren – von 1795 bis 1805 – Kunst und Kultur zu voller Blüte entfalten konnten, während andere europäische Länder unter Napoleons Eroberungszügen litten.

Der preußische König, von früh auf gewöhnt, das Leben in vollen Zügen zu genießen, war auch jetzt nicht bereit, seine spiritistischen Séancen, das «Tabakskolleg» oder seine erotischen Eskapaden aufzugeben, und es war seinem imponierenden Auftreten nicht anzumerken, daß er in Wirklichkeit schwerkrank war. Seine Gesundheit war auch durch seinen Lebenswandel ruiniert worden. Sarkastisch sagte der Bildhauer Gottfried Schadow zu Varnhagen, in der Regierungszeit dieses Königs «herrschte die größte Liderlichkeit, alles besoff sich in Champagner, fraß die größten Leckereien, frönte allen Lüsten. Ganz Potsdam war wie ein Bordell; alle Familien dort suchten nur mit dem Könige, mit dem Hof zu tun zu haben, Frauen und Töchter bot man um die

Wette an, die größten Adlichen waren am eifrigsten.»

Schadows Kritik läßt außer acht, was ihm selbst zugute gekommen war: die königliche Unterstützung von Kunst und Kultur, vor allem aber seine eigene Beförderung zum Hofbildhauer. Das Stettiner Denkmal für Friedrich den Großen, das Grabmal für den im Kindesalter gestorbenen Grafen Alexander von der Mark, die Quadriga auf dem Brandenburger Tor, Schmuck der Königskammern und der Neuen Münze, die Standbilder der Generäle Zieten und Tauentzien hatte Schadow in königlichem Auftrag geschaffen.

Die rege Bautätigkeit Friedrich Wilhelms II. trug ihm sogar die Bewunderung Goethes ein. Das romantische Schloß auf der Pfaueninsel, das Belvedere im Park von Charlottenburg und das Marmorpalais, der Lieblingsaufenthalt des Königs inmitten des «Neuen Gartens», der nach dem Vorbild des berühmten Wörlitzer Parks angelegt wurde, sind in seiner Ära entstanden. Noch größer als die Baulust war die Leidenschaft des Herrschers, der selber ein ausgezeichneter Cellist war, für Musik. Er lud Mozart, den er gern für seine Residenz gewonnen hätte, 1789 nach Berlin ein und gab ihm sechs Quartette in Auftrag; Mozart vollendete drei, bei denen der Cellopart bevorzugt behandelt ist. Im Februar 1796 empfing der Monarch den bereits berühmten, sechsundzwanzigjährigen Beethoven, der ihm die Cellosonaten op. 5 widmete und mit einer gefüllten Golddose belohnt wurde. Beethovens Improvisationen auf dem Klavier in der Singakademie bewegten die zwanzigjährige Kronprinzessin so tief, daß sie fast weinend zu ihm sagte: «Oh lasst den Himmel wieder blau werden.»

Beethoven hörte sich auch die Kompositionen des Prinzen Louis Ferdinand an, dessen Können ihn überraschte; er widmete dem musikalischen Preußenprinzen, mit dem er in Wien Freundschaft schloß, sein drittes Klavierkonzert.

Durch Friedrich Wilhelm II. war eine Reihe bedeutender Künstler nach Berlin gekommen: der Komponist Johann Friedrich Reichardt aus Königsberg, August Wilhelm Iffland und Karl Graf Brühl, Schauspieler und Theaterintendant; Carl Gotthard Langhans aus Breslau, der das Brandenburger Tor errichtete, Erdmannsdorff aus Dessau, der mit Gontard die Königskammern im Berliner Schloß erbaute, David Gilly aus Pommern und Johann Gottfried Schadow aus Rom.

Schadow begann 1795 mit einer Arbeit, die zu seinem Meisterwerk wurde: das Doppelstandbild der Prinzessinnen Luise und Friederike, die er in Lebensgröße porträtierte. Bei den Sitzungen im ersten Stock des Kronprinzenpalais erschien Luise nie ohne ihren Mann, der gleichzeitig Audienzen abhielt. Der junge Künstler war glücklich, daß er die Maße «nach der Natur» nehmen und die Kleider selbst aussuchen durfte. Er modellierte die Schwestern – Luise mit einem Seidentuch um das Kinn, das eine zeitweilige Schwellung verbergen sollte, aber als modisches Aperçu nachgeahmt wurde – wie zwei Grazien, zärtlich aneinandergelehnt. Ihre Gesichtszüge, die Haltung der Arme, der üppige Faltenwurf sind im Marmor meisterhaft wiedergegeben. Die Kleidung der Prinzessinnen entsprach dem neuen, durch Winckelmann und die Antikenbegeisterung ausgelösten «griechischen» Stil. Luise sei in dieser Mode zu weit gegangen, entrüstete sich Marwitz. «Sie war sich ihrer Schönheit bewußt und liebte den Putz mehr, als nötig war ... Die Frauenzimmer

Die Prinzessinnengruppe von 1795/97, das marmorne Doppelstandbild der Schwestern Luise und Friederike, wurde Schadows Meisterwerk.

hatten nur ein Hemde und ein möglichst dünnes Kleid an, in welchem alle ihre Formen sichtbar waren. Wenige trugen noch einen engen und dünnen Rock darunter, und nur diese waren es, die von Brust und Armen nicht alles zeigten, was nur irgend zu zeigen möglich war …»

Schlank und rank, wie sich die jungen Frauen in Schadows Bildwerk aneinanderschmiegen, ist ihnen nicht anzumerken, daß beide wieder schwanger sind. Friederike brachte im November 1795 ihren zweiten Sohn Karl zur Welt. Ungeachtet ihres Zustandes war Schadow von ihr hingerissen, «ihre Art zu reden war so, daß sie konnte gedruckt werden», sagt er später zu Luises ältestem Sohn.

Luises erster Sohn, wie sein Vater und Großvater Friedrich Wilhelm genannt, kam zur grenzenlosen Freude seiner Eltern am 15. Oktober 1795 zur Welt. Der Bevölkerung Berlins verkündeten zweiundsiebzig Böllerschüsse um sechs Uhr morgens die glückliche Geburt. Taufpaten waren die beiden stolzen Großväter und die noch lebenden Brüder Friedrichs des Großen, Heinrich und Ferdinand.

Die Krankheit des Königs – man hielt sie für Wassersucht oder eine in Polen geholte Vergiftung – verschlimmerte sich derart, daß Wilhelmine Encke, seit kurzem zur Gräfin Lichtenau erhoben, ihre Italien-Reise abbrach, um dem Freund auch in schlechter Zeit nahe zu sein. Kurz vor Weihnachten 1796 erkrankte auch Prinz Ludwig, zweiter Sohn des Königs und Friederikes Ehemann, an Diphtherie.

Ludwig und Friederike, beide gleichermaßen leichtfertig und verantwortungslos, führten nach wie vor eine miserable Ehe. Auffallend war aber, daß sich gerade die gegensätzlichen Paare geschwisterlich zugetan waren. Der Kronprinz sah in seinem Bruder einen vertrauten Freund, und Luise liebte das Zusammensein mit der Schwester. Friederike, ihrer erotischen Wirkung wohl bewußt, war von Verehrern umlagert, zu denen neuerdings als Favorit Prinz Louis Ferdinand zählte – sehr zum Ärger seiner Schwester Radziwill, die «das Gemisch von Koketterie, Empfindsamkeit und Pflichttreue» in Friederikes Wesen nicht ausstehen konnte und eine Schlange in ihr sah. «Die Leidenschaft meines Bruders wurde durch die kleinen Falschheiten gemäßigt, deren die Prinzessin trotz der rührenden Gefühle, die sie für ihn an den Tag legte, fähig war …» Davon merkte Therese, die zur Adventszeit 1796 für zwei Wochen nach Berlin kam, nicht das geringste. Im Gegenteil, sie berichtete, Friederike sei in ihrer Sanftheit nur zu bewundern. «Wie unglücklich, daß gerade das liebliche, hingebende Wesen mit so einem eiskalten Mann verbunden ist.» Doch durch ihre guten Ratschläge und Friederikes Vorsätze sei alles auf dem besten Wege.

Der Brief war noch nicht in Darmstadt eingetroffen, als die Krankheit des Prinzen Ludwig sich zunehmend verschlimmerte – wenige Tage später, an Weihnachten 1796, war er tot. Die achtzehnjährige Friederike stand mit drei kleinen Kindern, den Söhnen Fritz Louis und Karl und der Tochter Friederike, die erst drei Monate alt war, weinend an seinem Sarg.

«… Wir sind alle sehr unglücklich geworden», meldete Luise dem Vater. «Meine Gesundheit hat Gott sei Dank standgehalten, obwohl meine Lage schrecklich war; bedenken Sie, lieber Vater, den Schmerz, einen Schwager zu verlieren, einen jungen Menschen von 23 Jahren sterben zu sehen, das allein mußte schmerzen …»

Luise war selber im sechsten Monat schwanger. Am 22. März 1797 brachte sie ihren zweiten Sohn zur Welt, Prinz Wilhelm, der später in der Nachfolge seines kinderlosen Bruders als Wilhelm I. zum Deutschen Kaiser gekrönt werden sollte.

Nach einem in jeder Hinsicht schrecklichen Winter sehnte Luise sich nach Frühling und Natur. «Ich kann es nicht erwarten, daß es nach Paretz geht, und ich hoffe, das wird spätestens in vier Wochen sein, denn die Mauern sind so gut getrocknet, daß schon mit der Möblierung der Zimmer begonnen wird», schrieb sie im Mai 1797 ihrem Vater.

In einem Dörfchen namens Paretz, nördlich von Potsdam an der Havel gelegen, wo er als Kind gewesen war, hatte der Kronprinz – es war seine erste eigene Bautätigkeit – ein Sommerschloß errichten lassen. Das langgestreckte, von Gilly vollkommen symmetrisch angelegte Gebäude lag in einem Gelände, das mit Pavillon und Lusthaus, Moos- und Muschelgrotte zum Landschaftspark gestaltet wurde. Die Meinungen über den neuen Aufenthaltsort waren geteilt. Die Oberhofmeisterin war bei der Vorbesichtigung «sehr enttäuscht, denn es ist nicht im geringsten hübsch …» Sie ist Paläste großen Stils gewöhnt. Der Garten sei immerhin «nicht übel, und wenn er nicht so feucht wäre, könnte er ganz erträglich sein …» Die Enttäuschung legte sich, als sie die elegante Einrichtung, die Landschaftstapeten, die Mahagonimöbel mit Bronze-Appliken im Stil des Empire sah. Trotzdem, Sanssouci ist ihr lieber! Sie hat schon viel erlebt, doch als sie in Paretz auf einem alten Leiterwagen Platz nehmen soll, bleibt sie doch lieber zu Hause.

Tatsächlich war der neue Sommeraufenthalt in keiner Weise pompös, sondern, gemessen an anderen Schlössern, preußisch sparsam und bescheiden. Aber der Kronprinz, von der üppigen Hofhaltung seines Vaters angewidert, wollte nur «ein Mensch» sein, am liebsten «der gnädige Herr von Paretz». Wer damals diesen Hang zum Einfachen belächelte, ahnte nicht, daß mit der Entscheidung für eine bürgerlichere Lebensform das Zeitalter sich wandelte. Paretz, wo man ohne Sorge – «sans souci» – leben wollte, war ein «Sanssouci» im schlichteren Stil. Weder Friedrich Wilhelm noch Luise sehnten sich nach Macht, Pracht und Größe. Das Leben mit den Kindern auf dem Land,

Schreibsekretär und handgemalte Wanddekorationen eines Schlafzimmers in Schloß Paretz, dem ländlichen Lieblingsaufenthalt des jungen Königs.

Ausritte, Kutschfahrten und Tänze beim Erntedankfest bedeutete in Wirklichkeit ein Ausnahmedasein. In Paretz spürte man kein Repräsentationsgehabe und keine Regierungslast, hier konnte man jung sein. Einer der vergnügtesten Briefe, den Luise je in ihrem Leben schrieb, ist in Paretz entstanden; er beweist überdies, welchen Ulk sie sich mit ihrem angeblich «immer verdrießlichen» Mann erlauben konnte. «Allerdurchlauchtigster, Großmächtigster König und Herr! … Hierbei liegende Strümpfe sollen als Probe meiner Geschicklichkeit in der Strikkerkunst zum Beweise dienen und mir hoffentlich mein Gesuch zu erlangen helfen, es besteht nämlich darin: ‹*daß Ihro Majestäten die Gnade für mich hätten und mir zukünftig alle dero Strümpfe stricken ließen und mir dabei den Titel als wirkliche Hofstrickerin allergnädigst erteilen ließen*› … *Ew. Königl. Majestät alleruntertänigste Magd und Untertanin Luise.*

Untertänigstes Postskriptum. Ist noch zu bemerken, daß jede Masche, so ich knütten würde, von Dankbarkeit durchdrungen wäre.»

Der König lag im Sterben.

«Du wirst mich vermutlich nie mehr so glücklich sehen, als Du mich verließest», schrieb Luise an Georg. Ihr Mann sei «schrecklich verdrießlich», alles um sie herum düster, «nichts als mein Fritzchen lacht mich an». Dann folgen die Worte: «Ich bin nicht zur Königin geboren, das glaube mir, doch will ich gern das Opfer werden, wenn nur sonst in Zukunft dadurch was Gutes gestiftet werden kann ...»

Am 15. November 1797 ließ der todkranke König seinen ältesten Sohn ins Marmorpalais rufen und erteilte ihm seinen Segen. Daß dabei nicht nur seine Mutter anwesend war, sondern auch die verhaßte Maitresse, die Lichtenau, war dem Kronprinzen so zuwider, daß er das Zimmer nicht mehr betrat. Sie hatte seine Wut erregt, als sie zum Geburtstag des Königs vor aller Augen am Hals das Miniaturbild des Königs präsentierte!

In seiner Sterbestunde war der König mit einem Diener vollkommen allein. «Verlassen Sie mich nicht», waren seine letzten Worte.

Am Morgen des 16. November 1797 verabschiedete sich der Kronprinz von Luise: «Meine

Prüfungszeit wird beginnen, und unser friedliches Glück wird ein Ende nehmen.» Schon auf dem Weg nach Potsdam erfuhr er, daß sein Vater soeben gestorben war.

Der neue König, der nun an der Spitze des preußischen Staates steht, ist siebenundzwanzig Jahre alt und eine repräsentative Erscheinung. Er besitzt einen «gesunden, klaren Menschenverstand», wie Eylert betont, ist bürgernah und zu Reformen bereit; man erwartet viel von ihm, vor allem eine Wiederherstellung der miserablen Staatsfinanzen. Sein Vater hatte von Friedrich dem Großen einen Staatsschatz von 51 Millionen Talern übernommen – dem Sohn hinterließ er fast die gleiche Summe als Schulden!

Das junge Königspaar, so war zu hören, führe eine glückliche Ehe. Das war bemerkenswert. «Der sittliche Ernst Friedrich Wilhelms und der Anmuthszauber seiner Gemahlin gestalteten ihre Ehe zu einer der edelsten Verbindungen, die jemals einen Thron zu schmücken bestimmt waren», stand in den Zeitungen zu lesen. «Sittlichen Ernst» konnte man dem Thronfolger nicht absprechen, doch wurden auch sein Mangel an Souveränität und seine fast pathologisch anmutende Entschlußlosigkeit bemängelt. Wollen und Handeln klafften bei ihm zeitlebens auseinander. Der Minister vom Stein vertrat die Meinung, Friedrich Wilhelm sei durch seine «schwankende, zaudernde, allein auf momentane Erhaltung äußerer Ruhe berechnete Staatsklugheit» im Grunde zur Regierung nicht geeignet. Auf der anderen Seite überschlug man sich, seine Vorzüge – Sparsamkeit, Korrektheit, Bündnistreue – zu betonen. Daß Friedrich Wilhelm III. «en famille» zu leben wünsche und die Königin auch keinen eigenen Wohnsitz forderte, wie seit Jahrhunderten an europäischen Höfen üblich, löste vor allem im Ausland große Verwunderung aus. «Auf ein verschwenderisches und sittenlosen Regiment folgte das der strengsten Rechtlichkeit, Sparsamkeit und Sittlichkeit», bemerkt zufrieden Sophie Gräfin Schwerin, deren Mann Adjutant des Prinzen Wilhelm war. Der Dichter Novalis erklärte, das preußische Königspaar sei vorbildhaft imstande, sowohl den aufgeklärten Absolutismus zu überwinden – für ihn von maschinenmäßiger Unmenschlichkeit – als auch die Gefahr einer revolutionären Demokratie zu bannen. Ein neuer Geist schien anzubrechen.

«Eigentlich behandelte er sie ziemlich schlecht ...»

Eine Königlich-Preußische Familie.
1797–1799

Von Anfang an beschäftigen sich Luises Geschwister mit der königlichen Ehe. War der preußische Friedrich Wilhelm nicht zu selbstherrlich, Luise nicht zu nachgiebig? Alle mischten sich ein, ein Beweis wiederum für ihre geschwisterliche Anhänglichkeit. Therese, kritisch und emanzipiert, war Ende 1796 eigens nach Berlin gekommen, um sich vom Leben der beiden jüngeren Schwestern ein Bild zu machen. «Jetzt, nach zwölf Tagen täglichen Umganges, läßt sich mehr sagen. Es sind wirklich liebliche Geschöpfe, sehr verschieden, aber sehr liebenswürdig. Luise ist glücklicher, aber sie ist es sich selbst schuldig.» Jede andere Frau, meinte Therese, wäre mit einem so schwierigen Mann und seinen Eigenheiten unglücklich, wenn nicht «dieses biegsame, immer elastische Rohr ihnen entgegengesetzt würde». Mit «biegsam» und «elastisch» meinte sie Luise, die über eine gute Portion Gelassenheit und Vernunft verfüge sowie «das mächtigste aller Mittel, die Liebe».

Wer zu Besuch nach Berlin kam, teilte den anderen seine Eindrücke mit. Luises Geschwister gehörten zur Generation des aufgeklärten Zeitalters, das seit Rousseaus *Nouvelle Héloïse* das Verhältnis von Mann und Frau zum Gegenstand eingehender Diskussionen machte. Der neue, 1798 erschienene Roman *Lucinde* von Friedrich Schlegel, der ein freizügiges Liebesverhältnis mit frappierender Offenheit beschrieb, war für diese Generation erst recht von brennendem Interesse. Das Buch wurde zum Stein des Anstoßes und mußte erst durch die *Vertraulichen Briefe* des Theologen und Hofpredigers Schleiermacher gegen den Vorwurf der Unmoral verteidigt werden. Man verwünschte den Autor und verschlang sein Werk – Schlegels Vorstellung einer glücklichen Beziehung, bei der die selbstbewußte Frau den aktiven Part übernimmt, galt als Sensation und erhitzte die Gemüter weit mehr als Goethes zwei Jahre zuvor erschienener *Wilhelm Meister*, obwohl auch darin – nicht gerade zimperlich – eine Schauspielerin mit unehelichem Kind zu Wilhelms

Liebesgespielin ernannt und die Gräfin Nathalie zusammen mit dem Hürchen Philine dem bürgerlichen Helden gleichrangig zur Seite gestellt wurden.

Auch wenn man ihre blutigen Folgen im eigenen Land nicht wünschte, bewegte die Französische Revolution, wie August Wilhelm Schlegel sagte, als bedeutendstes Ereignis des Jahrhunderts die Zeitgenossen. In revolutionärem Geist stellte die neue Literatur Menschen vor, die sich keinem Zwang, keiner Hierarchie mehr beugen und die Verantwortung für ihr Leben selbst übernehmen wollen. «Die Revolution, die in Frankreich den Staat, hat in Deutschland die Literatur erschüttert», sagte Varnhagen. Doch so aufgeklärt viele Familien waren – ihren Töchtern wurde weiterhin eine gründliche Ausbildung verwehrt. «Gelehrt werden? Dafür behüte sie Gott! Eine mäßige Lecture kleidet dem Frauenzimmer, aber keine Gelehrsamkeit. Ein Mädchen, das sich die Augen rot gelesen, verdient ausgelacht zu werden», schrieb kein anderer als der Berliner Philosoph Moses Mendelssohn, und wenn die damals viel gelesene Schriftstellerin Caroline von Fouqué erklärte, die Wissenschaften seien Gift

Die Geliebte, die dem Monarchen trotz seiner Affairen bis zum Tode treu blieb: Wilhelmine Encke, geadelt zur Gräfin Lichtenau.

für das weibliche Geschlecht, dann war das Allgemeingut – auch Luise warnte Therese davor, «gelehrt» zu werden. Wie bisher wurden die Töchter gebildeter Stände zu Konvenienzehen gezwungen; weder die vier Prinzessinnen von Kurland, in deren Palais Unter den Linden das Königspaar verkehrte, noch intelligente junge Mädchen wie Henriette Herz oder Caroline von Berg, die Freundin der Königin, hatten sich ihre Ehemänner selbst wählen dürfen. Es kam zu Scheidungen, weil die Frauen, wie Dorothea Mendelssohn-Veit es formulierte, der «langen Sklaverey» entrinnen wollten.

Das Königshaus blieb von Veränderungen nicht verschont, Probleme gab es im engsten Familienkreis, auch mit Georg, der ein schönes und gebildetes, aber bürgerliches Mädchen heiraten wollte. Luise brachte es fertig, ihm die «mésalliance» auszureden. «Ich bitte Dich um Gottes willen, ermanne Dich und spreche mit Dir, wie es einem Manne geziemt, und lasse Dich nicht so gehen wie ein Romanheld …» Sie bombardiert ihn mit pädagogischen Briefen unter dem Stichwort «Selbstbeherrschung»: «Hätte ich nicht so gut wie Du eine Leidenschaft fassen können …?» Georg trennte sich von «Demoiselle Grebe», doch fand er keine Freundin mehr wie diese und blieb zwanzig Jahre lang unverheiratet.

Vier unterschiedliche Schwestern wechselten Briefe über ihre Lebensvorstellungen. Das Bild wurde geprägt von der Ältesten, Charlotte, der Lieblingstochter des Herzogs von Mecklenburg-Strelitz. Geistvoll und musikalisch, wegen ihrer schönen Stimme von allen bewundert, war die schwarzlockige Lolo mit fünfzehn Jahren an Herzog Friedrich von Sachsen-Hildburghausen verheiratet worden und über jedes Maß unglücklich. Sie kam in eine menschlich und geistig verknöcherte Hofatmosphäre, die ihr wahrhaft trostlos erschien. Dabei war sie fast ohne Unterbrechung schwanger und brachte elf Kinder zur Welt.

Um einem solchen Schicksal zu entgehen, hatte sich Luises zweite Schwester, die dunkelhaarige und intelligente Therese, ihren Mann selbst gesucht. Mit vierzehn verliebte sie sich in den Prinzen Karl Alexander von Thurn und Taxis, Erbe eines Millionenvermögens, der «in seine künfftige Gemahlin sterblich verliebt sey», wie Goethes Freund Johann Heinrich

Merck, Unterhändler bei der Heirat, dem Vater mitteilte. Reichtum und Karriere verschönten ihr zwar das Leben, doch war das Glück, soweit es auf gegenseitiger Treue beruht, nicht beständig. Der Fürst ging eigene Wege, und Therese nahm einen Liebhaber, mit dem sie fünf außereheliche Kinder bekam.

Neben ihren drei mehr oder weniger unglücklichen Schwestern war Luise die einzige, die die Harmonie in ihrer Ehe mit psychologischem Geschick zu erhalten wußte. Ihr Mann war als launisch, eigensinnig und egoistisch bekannt. Georg war schon beim ersten Besuch überrascht, fast verärgert, wie sehr Luise seinen Wünschen fast willenlos nachkam. Die königlichen Launen mit Geduld zu ertragen, sei nicht gerade leicht, schrieb er im August 1798, dazu habe man «eine hohe Kraft des Herzens und des Geistes» nötig. Sie ertrage Friedrich Wilhelms Eigenarten «mit einem Lächeln» und werde dafür «mit Liebe überhäuft» – aber, fügte Georg hinzu, in einem unbeobachteten Moment habe er sie weinen sehen.

War Friedrich Wilhelm der unerträgliche Egoist, als den viele ihn sahen? Oder gab er sich nur nach außen demonstrativ despotisch? Eylert behauptet, er sei nicht melancholisch, sondern allenfalls «contemplativ» gewesen. Der König erschien manchen gespalten: bald mürrisch gebietender Despot, bald gefühlvoller, empfindsamer Privatmann, der immerhin davon sprechen konnte, daß schöne Erlebnisse «uns unsere lebendige Einbildungskraft, mit freundlichen lieblichen Farben ausgeschmückt, zum Trost wieder zurückführt ...»

Geboren in einer Zeit, da das familiäre Leben eines Fürstenhauses noch streng autoritär und patriarchalisch geprägt war, brachte Friedrich Wilhelm es fertig, Privatsphäre und Regierungsamt in Einklang zu bringen und damit zum Symbol eines neuen Geistes zu werden. Hermann von Boyen, der als preußischer Kriegsminister den König aus der Nähe kannte, bescheinigt ihm ein ausgezeichnetes Gedächtnis, Besonnenheit und die Fähigkeit, immer gut unterrichtet zu sein. Er hebt auch seine persönliche Tapferkeit, ja Kaltblütigkeit hervor («niemals habe ich eine Spur der Furcht vor physischer Gefahr bei ihm gesehen») und beschreibt sein anziehendes Äußeres («er konnte selbst im Vergleich mit dem Kaiser Alexander für einen schönen Mann gelten»). Andererseits sei es ihm schwergefallen, politische Vorgänge im Zusammenhang zu beurteilen; statt dessen herrschte penibles Kritisieren von Detailfragen und der Hang zum Pessimismus vor, der jede Entscheidung lähmte. Dem König mangelte es an Esprit und Tatkraft. Die Königin war dagegen für neue Ansichten aufgeschlossen, konnte sich gut ausdrücken und besaß die Entschlußkraft, die ihm fehlte. Ihr eheliches Einverständnis, schreibt Boyen, wurde «zu einem großen Teil durch das nachgebende Benehmen der Königin erhalten».

Das wird von Georg bestätigt: Luise verfüge über eine enorme Portion Selbstbeherrschung, um die psychische Balance zu halten. Von ihrer «unwandelbaren Sanftmut» spricht Sophie von Schwerin, die miterlebte, wie die Königin oft in größter Eile vor einer Audienz das Kleid oder den Schmuck wechselte, weil es der König verlangte. «So zog sie sogar einmal zwei Kleider übereinander, weil das erste nicht saß …» Die Geduld, mit der sie die Launen ihres Mannes auffing, waren «eine Wohlthat für die Umgebung und Bindemittel zwischen Monarch und Nation».

Den Geschwistern gegenüber hat Luise Enttäuschungen nie zugegeben. Nur die Freundin Marie von Kleist erfuhr, wenn Friedrich Wilhelm wieder seine Launen an ihr ausließ, ihr verbot, zu lesen oder ins Theater zu gehen. Aber die Differenzen haben sie nicht in die Rebellion getrieben, sie lief nicht davon wie die ihr bekannte Elisa von der Recke, die als Schriftstellerin durch ganz Deutschland reiste, und verließ ihren Mann nicht wie die unversöhnliche Großfürstin Anna von Rußland; sie resignierte weder wie Suzette Gontard, die melancholische Freundin Hölderlins, die sie 1799 auf einem Ball in Frankfurt kennenlernte, noch flüchtete sie in fromme Ergebung wie ihre Schwägerin Marianne von Preußen. Luise besaß eine fast genial zu nennende Fähigkeit des Ausgleichs und der Vermittlung, ohne daß ihre Eigenständigkeit darunter gelitten hätte. Ihre Devise hieß: «Glücklich zu machen, macht auch glücklich.»

Ludwig von der Marwitz auf Schloß Friedersdorf, dessen Frau bei der Geburt des ersten Kindes gestorben war, hatte für die Ehe des Jugendfreundes von Anfang an einen unnachsichtig scharfen Blick und kritisierte Friedrich

Wilhelms alles übersteigenden Egoismus. «Seine *Gemahlin*, die Königin, behandelte er eigentlich ziemlich schlecht. Sie war nur auf Äußerlichkeiten erzogen, hatte aber die größte Begierde, sich zu unterrichten», was Friedrich Wilhelm nicht gewollt habe. «Wenn sie ein vernünftiges Buch lesen wollte, so sagte er, es sei dummes Zeug», wenn sie Lehrer kommen ließ, schickte er sie fort – «Kurz, sie durfte nichts tun, als jeden Augenblick zu seiner Unterhaltung bereit zu sein.» Tatsächlich gibt der König zu, daß er ihre Lektüre ablehnte. «Die schönen Redensarten und Phloskeln, mit denen sie späterhin um sich werffen hörte, und manche unverständlichen Schriften Deutscher Modelitteratoren» hätten nur erreicht, daß sie sich für ungebildeter hielt, «als sie es bey Gott war».

In Wirklichkeit fürchte ihr Mann, sagte Luise zu Marie von Kleist, «daß ich mich ändern könnte und daß ich ihn weniger erträglich fände, wenn ich mehr Bildung hätte ...» Das sind deutliche Töne. Hatte sie Friedrich Wilhelm durchschaut? Ihr Lerneifer vor allem auf historischem Gebiet erlahmte nicht, aber sie war durch vielfältige offizielle Pflichten, durch Kindergebären und Reisen voll in Anspruch genommen. Für sie bestand kaum die Möglichkeit, in den gebildeten Berliner Kreisen mit Dichtern und Gelehrten über die Revolution, die neue Gesellschaft oder die Emanzipation des Bürgers zu diskutieren. In den fortschrittlich orientierten Salons empfand man sie als ungebildet, hausbacken und in Vorurteilen befangen. Für Luise blieb der Hof der einzige Umgang, während die königlichen Prinzen, vor allem Louis Ferdinand, in den Häusern reformfreudiger Adliger und den Salons von Frau von Berg und Rahel Levin frei verkehren durften.

Ihren Aufgaben, Ehefrau, Mutter, Tochter und Monarchin zu sein, kam Luise mit Eifer nach. Es existiert in einem Brief vom März 1798 ihre selbstironische Beschreibung des «Rollenwechsels» von der «Enkelin» zur «Königin». Luise hatte soeben die Großmutter verabschiedet, als sie schon von ausländischen Gesandten erwartet wurde. «Ich war geputzt, voller Juwelen, steif wie ein Brett, umringt von Fürsten und Großen des Reichs, so wurde ich zur Tür hinausgeschoben, um nur geschwind ins Audienzzimmer zu kommen, wo Gesandte und hundert Menschen nicht die gefühlvolle Enkelin, sondern die Königin von Preußen erwarteten. Jetzt, da es vorbei ist, könnte ich mich totlachen, wenn ich den Kontrast in einer Minute bedenke!»

Friedrich Wilhelm kritisierte Luise häufig, doch in seiner Erinnerung lösen sich die Gegensätze auf. Es klingt anrührend, wenn er – nach ihrem Tod – ihren Tageslauf nachvollzieht: wie sie nach dem Erwachen, im Winter zwischen acht und neun Uhr, «drei Tassen *Chocolade* mit Saane vermischt» und einige Zwiebäcke genoß, sodann die Gräfin Voß zur Tagesbesprechung holte und die jüngsten Kinder kommen ließ, «die sie im Bette herzte und küßte und die hernach im Zimmer spielten». Jeden Morgen wusch sie den ganzen Körper mit kaltem Wasser, um erfrischt zu erscheinen. Bis halb zwölf las sie die *Hamburger Zeitung*, aß dann einen Gerstenschleim, um dicker zu werden.

Gegen zwölf kamen die älteren Kinder, die aber ihren Unterricht nicht unterbrechen sollten. Wenn keine Besonderheiten vorlagen, «so pflegten wir beide zusammen gewöhnlich allein auszufahren und so eine halbe Stunde traulicher Unterhaltung zu genießen». Das Mittagessen mit fünf oder mehr Gästen dauerte

Beliebt und populär wie keine preußische Fürstin vor ihr: Königin Luise im Alter von zweiundzwanzig Jahren.

eine Stunde und war «selten sehr animiert», nur Luise liebte die Unterhaltung. Danach las oder schlief sie «im Negligé auf einer Chaiselongue», und «so sehr sie eigentlich ein gutes Schauspiel liebte», erklärt Friedrich Wilhelm ahnungslos, «ging sie dennoch nicht häufig ins Theater». Wir wissen, daß sie ihm zuliebe zu Hause blieb, um sich mit der Hofgesellschaft am Teetisch zu versammeln, was von allen Beteiligten als unendlich langweilig geschildert wird. Zwar wurde ein Vorleser bestellt, aber über Kotzebue oder den seichten Lafontaine ging die Lektüre nicht hinaus, wie Boyen und die Prinzessin Marianne übereinstimmend klagen. Nach dem *Souper* blieb man lesend oder arbeitend bis halb elf zusammen, worauf sich das Königspaar «retirirte, entkleidete und zu Bett ging».

In den warmen Sommermonaten aß man mittags gerne in Sanssouci und nahm den Tee vor dem Konzertzimmer Friedrichs II. im Freien ein; manchmal fuhr man zur Orangerie oder der Bibliothek im Neuen Garten. «In der schönen Jahreszeit liebte sie sehr die Potsdam'sche Gegend ... sie hatte noch in den letzten Tagen die Meublierung eines Zimmers für mich in Sans-souci besorgt …» Nach einem Spaziergang fuhr man im offenen Wagen nach Hause, «wo dann soupirt wurde, und wenn der Abend schön war, wohl noch auf dem *Balcon* einige Zeit singend oder scherzend zugebracht wurde».

Eine Belastung für die königliche Ehe war der Lebenswandel von Friederike. Gerüchte, daß sie im einsamen Schloß Schönhausen Besuche von Liebhabern empfing, sickerten bis ins Kronprinzenpalais.

«Sie gefiel allen Männern», bemerkte die Fürstin Radziwill in Schloß Bellevue. Kein wahres Wort sei an diesen Verleumdungen, erwiderte Luise, sie könne beschwören, «daß Friederike engelrein bei all dem Gesudel dastehet … Sie verdient Glück und hat nichts als Kummer.» War es das Schuldgefühl der Begünstigten gegenüber der vom Leben Benachteiligten?

Die Gräfin Voß war die erste, die die Dinge klar durchschaute und die Anzahl männlicher Besucher verzeichnete, die schon in Paretz im Herbst 1797 ins Haus geströmt war. «Jeder will sie haben; wer sie sieht, ist in sie verliebt.» Neuerdings war es «ein Prinz Solms von den Husaren, der mir sehr windig zu sein scheint und mir gar nicht gefällt». Die Oberhofmeisterin hat Lebenserfahrung und Menschenkenntnis, Friederike hat beides nicht. Hals über Kopf verliebt, läuft sie dem Prinzen Solms in die Arme. Immerhin gefällt der jungenhafte Major auch Luise. «Es ist ein guter, angenehmer junger Mann. Er hat viel Unglück gehabt, das macht ihn ein wenig verschlossen», teilt sie Georg mit. «Schade ist es, daß er keinen Freund hat.»

Einen Freund findet Solms nicht, wohl aber eine innige Freundin. «Prinzessin Louis hatte ihre tiefe Trauer abgelegt», notierte sich Frau von Voß. «Sie weiß sich nur zu gut zu trösten.»

Aber noch ein anderer, feuriger Verehrer war auf dem Wege, Friederikes Gunst zu erobern: der stürmische Prinz Louis Ferdinand. Im Sommer 1797 reiste er ihr nach Pyrmont hinterher, um sie endgültig zu erobern, nachdem sie in Berlin eine Liebesgeschichte begonnen hatten. Beide schienen zusammenzupassen, da sie moralische Kategorien und gesellschaftliche Konventionen eigensinnig mißachteten. Zudem war der Prinz eine glänzende Partie, interessant, gebildet, fesselnd, zwar hochverschuldet, aber mit Aussicht auf das reiche Erbe des alten Prinzen Heinrich in Rheinsberg.

Obwohl Friederike ihre wechselnden Affairen glänzend zu verheimlichen verstand, ahnte Luise, daß in Pyrmont ein Rendezvous verabredet war, und regte sich darüber dermaßen auf, daß sie kaum wiederzuerkennen war. «Mein Herz blutet!» beginnt ihr Brief an Georg vom 24. Juni 1797. «Friederike ist seit dem 22ten nachts um 12 Uhr von hier abgereist. Wehe! ... Sie kommt da in Pyrmont unter den Abschaum von Menschen von ganz Berlin ... mein Herz klopft schrecklich, und unwillkürlich fallen mir die 19 Jahre meiner Schwester, ihre Unerfahrenheit und zu große Gutmütigkeit ein ...»

Es blieb ein bis heute unveröffentlichter, in fieberhafter Aufregung geschriebener Brief erhalten, den Luise an Friederike richtete. Sie appelliert an ihr Gewissen und an ihren Verstand, nicht den glühenden, aber verlogenen Beschwörungen des Prinzen Louis Ferdinand zu glauben. «... Verzeih mir, liebe Friederike, wenn ich dir sage, daß du es seit einiger Zeit nicht liebst, auf unsere Ratschläge zu hören und nur deinem eigenen Kopf folgst ... Man muß alles vermeiden, was gegen uns sprechen könnte. Ich habe eine heiße Bitte: du triffst unausweichlich den Prinzen Louis Ferdinand. Ändere vor allen Dingen die Art, in der du dich gegen ihn beträgst. Sei reserviert und laß ihn bei jeder Gelegenheit merken, daß du nicht willst, daß er dir den Hof macht. Glaube deiner Louise, er ist es nicht wert … Er ist ein Lügner, Spieler, Hasardeur und falsch. Er ist dem König ein Schrecken, unserem Vater unangenehm … Und ich schwöre dir, daß er dich mißbraucht, wenn er dir sagt, daß er dich liebt. Er hat hier sogar eines abends spät damit geprahlt, daß er sich sofort aufs Pferd schwingen und dich aufsuchen könne, wenn er wolle – daran erkennst du, daß er lügt, um uns glauben zu machen, daß er mit deiner Gunst spielen könne. Du merkst, wie nötig es ist, zu diesem Mann kalt zu sein …» Das nächtliche Schreiben bricht unvermittelt ab.

Friederike hat Luises Epistel nicht gelesen. Es ist auch kaum anzunehmen, daß sie von den Moralpredigten ihrer Schwester erbaut gewesen wäre. Jedenfalls hat sie die Warnungen, die sie erhielt, in den Wind geschlagen und ihre erotischen Abenteuer aus Angst vor Ärger und Vorwürfen verschwiegen. Vielleicht wäre sonst anders verlaufen, was nun in einer Katastrophe mündete.

Sie traf in Pyrmont hochgestellte Verehrer, Herzöge, Fürsten, Prinzen, die, wie Louis Ferdinand, begründete Hoffnung auf eine Vermählung mit der reizenden Prinzessin hegten. Die junge Witwe kokettierte mit vielen, knüpfte dann mit einem dreiundzwanzigjährigen englischen Prinzen ein Verhältnis an, das Louis Ferdinand zu Ohren kam. «Mein Bruder, der den Versicherungen der Prinzessin nicht recht traute», schreibt Luise Radziwill hintergründig, «wollte sich selbst von ihrem Benehmen überzeugen. Er überraschte sie in Pyrmont und konnte feststellen, daß sie in der Tat mit dem Prinzen Adolf von England kokettierte ...» Louis Ferdinand ließ Friederike in Berlin wortlos ein Paket zustellen, das ihre Briefe enthielt. Später hat er sich wie ein betrogener, gekränkter Liebhaber abfällig über die erotischen Freizügigkeiten geäußert, die Friederike ihm, in Schönhausen im Negligé auf ihn wartend, gewährt habe.

Friedrich Wilhelm wurde wütend, wenn die Rede auf das angeblich unmoralische Treiben seiner Schwägerin kam, es gab Streit mit Luise, die Auseinandersetzungen wurden zu einer Zerreißprobe. «Bedauern, Verzeihen, Vergessen», schrieb sie Georg, sei hier das einzig Richtige, und Gespräche mit der Schwester stellten das Vertrauen sofort wieder her.

Doch dann bekam die Beziehung einen Sprung. Im April 1798 war Friederikes zweiter Sohn, der noch nicht dreijährige Carl, schwer erkrankt. Luise eilte nach Schönhausen und fand das Kind im Todeskampf liegend. Erschüttert wandte sie sich an Georg: «Wie gut geht es mir nicht in der Welt, und wie verschieden ist das Schicksal gegen der guten Friederike! Verdiene ich es denn mehr wie sie? Nein, gewiß nicht. Gott muß es ihr noch einmal in der Welt recht gut gehen lassen.» Friedrich Wilhelm selbst lud Friederike ein, um sie zu trösten, «allein sie hat es ausgeschlagen und will lieber ihren Schmerz allein tragen».

Friederike trug keineswegs den Schmerz allein. Während Luise sich grämte, war in Schloß Schönhausen der «windige» Prinz Solms ständiger Gast. Friederike genoß ihre Freiheit. Was sie brauchte, war Liebe. «Sie habe von jeher gewünscht und gestrebt, zu lieben und geliebt zu werden», schrieb sie der Fürstin

Radziwill, jetzt werde sie dieses Glück endlich genießen!

Am Ende des Jahres 1798 war nicht länger zu verheimlichen, daß die unverheiratete Schwägerin des Königs ein Kind erwartete.

Die Täuschung war das schlimmste. Monatelang war Luise von der eigenen Schwester perfide hintergangen worden. Während sie zärtliche Briefe schickte, schlief Friederike mit dem Prinzen Solms.

Die Affaire fand statt «unter Umständen, welche für das Herz der jungen Königin, die diese Schwester so sehr liebte, besonders schmerzlich waren», steht im Tagebuch der Gräfin Voß. «Diese Entdeckung und alle Nebenumstände haben der Gesundheit meiner armen Königin sehr geschadet. Ihre Seele hat dabei mehr gelitten, als sich aussprechen läßt, und das Gefühl, so lange getäuscht worden zu sein, war auch hart für sie.»

Der König reagierte unerwartet. Nüchtern und konsequent stellte er seine Bedingungen. Am 10. Dezember 1798 fand die Heirat Friederikes mit dem achtundzwanzigjährigen Prinzen Friedrich von Solms-Braunfels statt, danach mußten beide Berlin unverzüglich verlassen. Prinz Solms, bis dahin beim Garde du Corps in Potsdam, erhielt seine Rückversetzung als Major zum Husaren-Bataillon in Ansbach, was ihm aufs höchste mißfiel, er hatte gehofft, durch die Verbindung mit der Schwägerin des Königs eine bessere Position zu erhalten.

Daraus wurde nichts. Sein Vorgesetzter ließ verlauten, der Prinz habe «außer einer hübschen Figur wenig Angenehmes in seinem Umgange» und besitze weder Kenntnisse noch Ehrgeiz in seinem Beruf.

Für Friederike war es schwer zu ertragen, daß sie ihre Kinder, den vierjährigen Fritz Louis und die zweijährige Friederike, in Berlin zurücklassen sollte, die der König zusammen mit den eigenen Kindern erziehen lassen wollte. Erst auf flehentliche Bitten Luises durfte sie wenigstens die Tochter – unter Vorbehalt guter Führung – mitnehmen. Die Königin schien von der ganzen Affaire weit mehr betroffen als ihre Schwester, sie weinte sich die Augen aus dem Kopf. Als Luise Radziwill ihr begegnete, war sie noch vollkommen niedergeschlagen. «Ich begriff, daß sie den Ärger des

Königs und der königlichen Familie zu schwer empfand und nicht wagte, mit ihnen darüber zu sprechen.»

Friederike, leidenschaftlich verliebt und überdies hochschwanger, verließ einen Monat nach der heimlichen Hochzeit mit ihrem Mann Berlin. Luises Brief vom 11. Januar 1799 an Georg klingt wie ein Aufschrei.

«Sie ist fort! ja, sie ist auf ewig von mir getrennt. Sie wird nun nicht mehr die Gefährtin meines Lebens sein!» Sie kann nichts anderes denken. «Wenn ich mir vorstelle, daß Friederike unglücklich werden könnte ... Mein Trost ist, daß sie den Prinz Solms über alles liebt ...»

Friederikes Schicksal ließ auch den König nicht unberührt. Warum war sie mit seinem eiskalten Bruder verheiratet worden? Er fühlte sich für Friederikes finanziell ungesicherte Zukunft verantwortlich, gewährte ihr eine jährliche Pension von 22000 Talern und verfügte außerdem noch eine besondere Vergünstigung, Beweis seiner noblen Gesinnung, wovon Friederike jahrelang nichts erfuhr: er sorgte für die Zukunft ihrer Kinder mit Solms und hinterlegte ein Kapital, das nach fünfzehn Jahren, als Friederike zum drittenmal heiratete, auf die stattliche Summe von 104 000 Talern angewachsen war. Die Vorsorge war nötiger, als man geahnt hatte: Der «windige» Solms – mit dem Friederike fünf Kinder bekam – litt an unerklärlichen Kopfschmerzen und Depressionen, mußte die Offizierslaufbahn vorzeitig abbrechen und bezog keine Einkünfte mehr.

In den Morgenstunden des 17. Januar 1799, eine Woche, nachdem die Kutsche mit dem Liebes- und Ehepaar aus den Toren Berlins gerasselt war, machte die Fürstin Radziwill eine seltsame Entdeckung. Sie wollte eben nach Rheinsberg abfahren, da hörte die Dienerschaft auf dem Wilhelmsplatz leises Kinderweinen. Eine Kammerfrau ging dem Gewimmer nach und brachte einen mit Wachstuch bedeckten Kasten herbei, den Fürst Anton Radziwill öffnete. Er fand darin ein neugeborenes Mädchen. «Unter dem Köpfchen fanden wir drei in Papier gewikkelte Doppel-Louisdor, doch ohne ein Wort, aus dem man irgendwelche Aufklärung über die Herkunft hätte entnehmen können. Wäre nicht der glückliche Zufall unserer Abreise gewesen, so hätte das Kind bei der Kälte umkommen können. Es hingen noch Stricke an dem Kasten, die darauf schließen ließen, daß man genötigt war, ihn aus dem Fenster herabzulassen. Das Schicksal dieses Kindes interessierte uns so lebhaft, daß wir beschlossen, es mit unseren zusammen aufzuziehen.»

Wahrscheinlich hielt die Fürstin das Neugeborene für das Kind Friederikes, deren Niederkunft erwartet wurde. In die Tücher eingestickt fanden sich die Buchstaben S. v. B., was durchaus «Solms von Braunfels» hätte heißen können. Doch es scheint das verheimlichte Kind einer Hofdame gewesen zu sein. Zwei Monate später, im März 1799, schrieb Luise ihrem Bruder:

«Ich eile, dir die gute Nachricht von Friederikes glücklicher und schleuniger Entbindung zu geben.» Für sie selbst halte das Ereignis «viel Trauer und Kummer verborgen». Im Stammbaum der Familie von Solms-Braunfels findet sich die Eintragung: «Caroline, geboren am 27. Februar 1799, gestorben am 20. Oktober 1799». Den preußischen Haus-Akten ist zu entnehmen, daß Prinz Solms die Offiziere seines Regiments zur Taufe einlud, außerdem findet sich die Bemerkung: «Die Gevatterschaft hatte Ihre Majestät die Regierende Königin von Preußen mittels eines schwesterlich-freundlichen Schreibens übernommen.»

Aus den nüchternen Aktennotizen erfahren wir: Trotz des königlichen Unmuts und über jede Entfernung hinweg blieb Luise die zuverlässige Schwester, und es konnte nichts versöhnlicher sein als diese Geste, Patenstelle einzunehmen bei Friederikes neugeborenem Kind.

Die Gräfin Voß aber hatte Luises Ehe im Blick, als sie bemerkte: «Sie verlor in dieser Schwester eine zärtlich geliebte Gefährtin, die sie seit ihrer ersten Kindheit nie verlassen hatte. Aber vielleicht war dieser Verlust dennoch ein Gewinn für die Königin, und es war besser für sie, die Prinzessin zu entbehren, als wenn dieselbe immer neben ihr geblieben wäre.»

«Glauben Sie an meine Freundschaft ...»

Geselligkeit um 1800

«Die französische Revolution», sagte Friedrich Wilhelm, «giebt ein mächtiges, fürchterliches Beispiel für alle schlechten Regenten, die nicht, wie gute Fürsten, zum Wohl ihres Landes da sind, sondern selbiges wie Blutigel aussaugen.» Inzwischen war das korrupte französische Regime beseitigt, der Adel in Paris hingerichtet oder vertrieben worden, aber weiterhin setzte Frankreich die Revolution mit Waffengewalt in Europa fort. Erfolgreichster französischer General ist der auf allen Schlachtfeldern überlegene Napoleon Bonaparte aus Korsika, Feldherrengenie und Erneuerer, dem auch in Deutschland gehuldigt wird. Noch ist er nicht der verhaßte Usurpator und machtgierige Eroberer, noch jubelt man ihm zu. Von Statur klein und hager, überragend in Militärstrategie und Verhandlungstaktik, wurde der dreißigjährige General 1799 in Paris zum Ersten Konsul gewählt. Er sanierte mit einer strengen Finanzpolitik Handel und Gewerbe, reformierte das Justizwesen durch den «Code Napoléon», der die Gleichheit aller Menschen vor dem Gesetz garantierte, und setzte seine steile Karriere an der Spitze der in Österreich und Italien siegenden Truppen fort. Begeistert verfaßte Hölderlin 1798 sein Gedicht *Buonaparte*, Beethoven widmete ihm seine dritte Symphonie *Eroica*, und Goethe pries Napoleons Klarheit, Entschiedenheit und Energie bis zuletzt: «Sein Leben war das Schreiten eines Halbgottes von Schlacht zu Schlacht, von Sieg zu Sieg ...»

Zar Paul I. von Rußland, der durch Frankreichs Vordringen das Gleichgewicht in Europa gestört sah, drängte auf ein Bündnis mit Preußen. Das nächste Opfer werde er selbst sein, erklärte der russische Gesandte dem ablehnenden König. Dieser Meinung war auch Prinz Louis Ferdinand, dessen Kritik Friedrich Wilhelm ein Dorn im Auge war. Dieser Frauenheld, der aus seiner Vorliebe für Luise keinen Hehl machte und alles daransetzte, um Friederike zu verführen, untergrub durch unverblümte Äußerungen das Ansehen des Königs.

Inzwischen hatten sich Rußland und Österreich, England und Portugal gegen Frankreich verbündet. Nur Friedrich Wilhelm beharrte unerschütterlich auf Neutralität. Von seinem neuen Kabinettsrat Beyme, der ihn in Fragen der Diplomatie beriet, ließ sich der König die Argumente *gegen* einen Kriegseintritt aufsetzen, und Luise schrieb sie eigenhändig für ihn ab – dies war ihre erste offiziell politische Tat. Sie wollte im Grunde mit Politik nichts zu tun haben und erklärte ihrer Großmutter, die um Vermittlung gebeten hatte, daß ihr die Einmischung in Staatsangelegenheiten schon als Kronprinzessin untersagt worden sei. Aber bei einem derart unsicheren, ratsuchenden Herrscher wie Friedrich Wilhelm und einer klarsichtigen Partnerin wie Luise konnten politische Gespräche nicht ausbleiben. Der König betonte seinerseits, daß seine Frau keinerlei Einfluß auf die Regierungsgeschäfte habe, räumte aber ein, daß er sie «bey wichtigen Politischen Ereignißen» immer informiert und ihr alle «Besorgniße» mitgeteilt habe, über die sie dann «nach ihrer gesunden reinen Vernunft richtig zu urtheilen wußte». In anrührender Offenheit gesteht er, daß es ihm «eine wahre Wohlthat» war, ihr «sein Herz auszuschütten über so mancherley was mich kümmerte» und ihre Meinung zu hören, da er «auf ihre Verschwiegenheit vollkommen bauen durfte». Auch auf ihre Menschenkenntnis konnte er sich verlassen und mit ihr «über den Werth oder Unwerth des Einen oder Anderen» sprechen – es ist bekannt, daß sie ihren Einfluß sowohl bei der Berufung des Ministers vom Stein wie bei Hardenbergs Ernennung zum Staatskanzler geltend machte.

Beide Männer lernte sie auf einer Reise kennen, mit der der König seine Frau über die Trennung von Friederike trösten wollte. Im Frühsommer 1799 überraschte er sie mit einem in allen Einzelheiten vorbereiteten Plan zu einer Fahrt nach Magdeburg, Hildburghausen, Darmstadt, Frankfurt und Bayreuth, die sechs Wochen dauern und ihr das Wiedersehen mit allen Geschwistern bringen sollte.

Im Mai 1799 wurde die Reise angetreten, zuerst nach Minden, wo Gespräche mit dem Reichsfreiherrn vom Stein geführt wurden, dann nach Hildburghausen, wo die Familie sich bei Charlotte versammelt hatte: die siebzigjährige Großmutter, der Vater, die Brüder Georg und Karl. Der Dichter Jean Paul wurde ins herzogliche Schloß gebeten und schwärmte poetisch von Göttinnen, die «ins irdische Helldunkel herniederstiegen und zu Menschen und Schwestern wurden». Auch Friederike traf ein – nach einer problematischen Phase der Vorwürfe und Rechtfertigungen von beiden Seiten fielen sich die Schwestern versöhnt um den Hals.

In Bayreuth war es der Staatsminister Karl Graf von Hardenberg, preußischer Verwalter der Markgrafschaft Ansbach-Bayreuth, der die Königin durch die Stadt führte und durch seine kluge Zuvorkommenheit, sein elegantes Auftreten für immer ihre Sympathie gewann. In Frankfurt, der Stadt ihrer Verlobung, gab die Kaufmannschaft einen prächtigen Ball im Roten Haus. Unter den Gästen waren der Frankfurter Bankier und Kaufmann Gontard und seine Frau Susette, in deren Haus Friedrich Hölderlin die Erziehung der Kinder übernommen und sich so leidenschaftlich in ihre Mutter, die sanfte Susette Gontard, verliebt hatte, wie sie sich in ihn. Susette tanzte nicht. Sie beobachtete in einer Fensternische sitzend die vier fürstlichen Schwestern, die ihr in den schlanken griechischen Gewändern wie schwebende «Wedgewood-Figuren» erschienen.

Die nächste Station war Wilhelmsbad, wo Luise nur einen Gedanken hatte: die Mutter Goethes wiederzusehen. Georg mußte nach Frankfurt fahren, um sie zu holen, und es scheint eine für alle Beteiligten erfreuliche Wiederbegegnung gewesen zu sein, denn Frau Aja Goethe berichtet beseligt ihrem Sohn: «Mir ist eine Ehre widerfahren, die ich nicht vermuthete – die Königin ließ mich durch ihren Bruder einladen zu Ihr zu kommen – um 6 Uhr holte er mich in einem Wagen mit 2 Bedienten hintenauf in den Taxischen Palast – die Königin unterhielt sich mit mir von vorigen Zeiten – erinnerte Sich noch der vielen Freuden in meinem vorigen Hauß – der guten Pfannkuchen u. s. w. Du lieber Gott! was so etwas vor Wirkung auf die Menschen macht! – es wurde in den ersten Tagen nichts anderes geredet als die Königin hat die Frau Rath durch den Erbprinzen von Mecklenburg zu sich holen laßen – und wie ich strapaziert wurde alles zu erzählen, was alles da wäre abgehandelt worden, mit einem Wort ich hatte einen Nimbus ums Haupt der mir gut zu Gesichte stand.»

Unmittelbar darauf sah das Paar in Weimar Goethe selbst und lernte Schiller kennen, der einen solchen Eindruck auf Luise machte, daß sie ihrem Bruder riet, sich zur Ausbildung in die Gesellschaft solch «herrlicher Männer» zu begeben. Sie bestand auch darauf, Herder persönlich zu sehen, dessen Dichtung sie von Jugend an begleitet hatte. Jean Paul schrieb ihm, er wisse es von Georg: die Königin unternehme nie eine Reise, ohne «einen Herder» mit in den Wagen zu nehmen! «Der Hof hat bemerkt, daß sie *rot* wurde, als sie Sie in Weimar anredete.» Jean Paul selber war dieses Glück nicht beschieden; immerhin beschenkte ihn die Königin in Berlin mit einem silbernen Tee- und Kaffeeservice, wobei der Dichter lachend zu Caroline Herder sagte: «Ich wollte, ich könnte ihr daraus einschenken.»

Goethe hatte vor dem Eintreffen des Königs am 29. Juni 1799 Schiller aus Jena eingeladen: «Sollten Sie sich entschließen, bey uns zu bleiben, so könnte ein Bett bald aufgestellt werden, wenn Sie bey mir einkehren und die beyden Tage der Königlichen Gegenwart mit uns überstehen wollen ...»

Schiller kam. «Ist es denn wahr», fragte er Goethe, «daß die Königin von Preußen den ‹Wallenstein› in Berlin nicht hat wollen spielen sehen, um ihn in Weimar zuerst kennenzulernen?» Am 2. Juli 1799 fand, laut Goethes Fourierbuch, eine gemeinsame Mittagstafel statt, an der außer ihm das Königspaar, Herzog Karl August, Georg und Therese teilnahmen. Weder Goethe noch Luise haben das Gespräch notiert, obgleich zweifellos vom Besuch Frau Ajas die Rede war. Am Abend machte Goethe die Königin mit Wieland bekannt und zitierte Schiller herbei, der erfreut (an Körner) berichten konnte, die Königin sei «sehr geist- und gefühlvoll in den Sinn seiner Dichtung eingegangen, – der Wallenstein wurde gespielt und mit großer Wirkung». Die weibliche Hauptrolle hatte die junge Caroline Jagemann übernommen, die bald darauf Geliebte und morganatische Ehefrau des Herzogs Karl August wurde. Während eines Zwischenaktes kam Goethe «in seidenem Galakleid mit Degen und Chapeaubas» auf die Bühne, um ihr zu sagen, daß Luise sie zu sehen wünsche. «Die Königin überhäufte mich mit Lob über meine Thekla, in das ihre Schwester einstimmte.»

Nach einem Ball, den der Herzog für die hohen Gäste veranstaltete, reiste das Königspaar am 3. Juli 1799 nach Berlin zurück. Die Wagen-

Luises engste Vertraute: die intelligente Caroline von Berg (1760–1826), ihre spätere Biographin.

kolonne bewegte sich nahe Weimar einen steilen Abhang hinab, als an einer berüchtigt-gefährlichen Stelle, «Die Schnecke» genannt, die Bremse brach und der Wagen der Königin bergab schoß. Karl August, der sie zu Pferd begleitete, zog geistesgegenwärtig den Degen und erstach das Handpferd – die Kutsche kam zum Stehen, und er hob die erschrockene Luise heraus. Immerhin war sie zu diesem Zeitpunkt im sechsten Monat schwanger. Am 14. Oktober 1799 brachte sie eine Tochter zur Welt, der sie den Namen ihrer Schwester gab: Friederike.

Luise war für Friedrich Wilhelm im wahrsten Sinne des Wortes «unersetzlich», sie besaß, schreibt er freimütig, «mein vollkommenes Vertrauen, sie allein besaß es: vor ihr hatte ich keine Geheimnisse». Tatsächlich entwickelte er zu niemandem sonst, auch nicht zu seinen Geschwistern, eine «eigentliche Intimität». Als die Königin ohne ihn nach Bad Pyrmont fuhr, fühlte er sich dermaßen verlassen, daß er ihr halb ernst-, halb scherzhaft ihre eigene Bemerkung wiederholt. «Wenn ich ihn nicht halte, fällt er um.» Außer ihr brauchte er niemanden. Das war rührend und schön, machte aber Luise

Marianne von Preußen (1785–1846), seit 1804 Schwägerin und während der Exiljahre täglicher Umgang der Königin.

das Leben nicht leicht. «Meine Frau tadelte mich selbst manchmal darüber, daß ich so ganz alle andern Freundschaftsbande aufgäbe ...»

Sie dagegen war ein geselliger Mensch, liebte das Gespräch, brauchte Vertraute. Ihr Lebensgefühl war auch geprägt von der geistigen Atmosphäre der Romantik, die aus einem einmaligen Gemeinschafts- und Freundschaftsgefühl entstanden war. «Die romantische Poesie ist unter den Künsten ... was Umgang, Freundschaft und Liebe im Leben ist», sagte Schlegel 1801. Von der Familie stand Luise Georg sehr nahe, das Verhältnis zu ihm glich einem romantischen Herzensbündnis, das mit Gedichten, Tränen und Küssen besiegelt wurde. Sie liebte auch ihre drei Schwestern, beschenkte sie und unterhielt mit ihnen eine umfangreiche Korrespondenz. Doch was ihr fehlte, war eine wirkliche Freundin.

Bei Potsdamer Konzertabenden war ihr Marie von Kleist aufgefallen, eine literarisch gebildete und musikalische Frau mit großer persönlicher Ausstrahlung. Sie und ihr Mann, der Adjutant bei Prinz Louis Ferdinand war, luden zu Konzerten und Leseabenden in ihr Haus, und überschwenglich, ja «übermütig» dankt Luise für die «göttliche und köstliche Soirée» im Kreise der Kleistschen Gäste. Sie ist beglückt über den Gedankenaustausch, den Gleichklang, das Einverständnis. Marie von Kleist, älter und erfahrener als sie, wird ihre Freundin – die einzige, die auch Friedrich Wilhelm akzeptiert. Marie von Kleist ist eine angeheiratete Kusine des jungen Dichters Heinrich von Kleist, den sie mit der Königin bekannt machte und finanziell unterstützte.

Der neuen Freundschaft verdankte Luise eine enorme Erweiterung ihrer literarischen Kenntnisse. Bisher hatte sie wahllos die Unterhaltungsromane des populären August Lafontaine ebenso konsumiert wie Herders Schriften. Wielands *Agathon* hatte sie voll Begeisterung gleich zweimal gelesen. Immerhin las sie nichts Altverstaubtes, sondern zeitgenössische Autoren, und so wird sie mit der Romantik bekannt, die alle Bereiche, Musik, Malerei und Dichtung, gleichermaßen erfaßt hat.

Luise liest, «daß ihr Hören und Sehen vergeht». Immer hat sie ihre mangelhafte Bildung beklagt. Friedrich Wilhelm erhielt einen ausgezeichneten Unterricht in Philosophie, Geschichte und antiker Literatur, er ist, wenn auch ohne erkennbare Neigung, eine fundiert gebildete Persönlichkeit. Sie aber spürt ihr lükkenhaftes Wissen. Jetzt will sie das Versäumte nachholen.

Sie schreibt an Jean Paul, dessen *Hesperus* sie mit Marie von Kleist las: «Ich habe Ihren ‹Titan› erhalten und daraus mit Vergnügen ersehen, daß Sie noch immer fortfahren, Ihre Zeitgenossen mit Wahrheiten zu unterhalten, die in dem Gewande der romantischen Dichtkunst … ihre Wirkung gewiß nicht verfehlen werden. Ihr Zweck, die Menschheit von mancher trüben Wolke zu befreien, ist zu schön, als daß Sie ihn nicht erreichen sollten …» Sie lädt ihn ein und spaziert mit ihm – zum großen Ärger Friedrich Wilhelms – durch den Park von Sanssouci.

Ludwig Tieck veröffentlicht den romantischen Künstlerroman *Franz Sternbalds Wanderungen,* den man nach Meinung der Freundin unbedingt lesen muß. «Meine teure Kleist. Sie haben mir ein Buch von Tieck versprochen, ich will es haben, ich fordere es von Ihnen aus Leibeskräften …»

Eine junge Generation von Schriftstellern hat sich in Berlin versammelt. Sie wollen die rationale Kälte der Aufklärung mit einer irrationalen Welt der Empfindungen und Gefühle, der Seelentiefen und «Nachtseiten der Natur» verbinden. Kopf der Romantiker ist Friedrich Schlegel, dessen zweideutige *Lucinde* man kennt. Sein Freund Schleiermacher, berühmt für seine eindringlichen Predigten, hat ihm in der Charité ein Zimmer beschafft, wo er mit Novalis die Zeitschrift *Athenäum* verfaßt. Durch Schlegel wurde Fouqué, Offizier und angehender Dichter, mit altdeutschen Heldensagen bekannt gemacht, die er in eine moderne Fassung bringen will. Sein Freund E. T. A. Hoffmann, Dichter und Komponist am Gendarmenmarkt, schickt der Königin, von deren Musikliebe er überzeugt ist, Textbuch und Partitur seines Singspiels *Die Maske* zu mit der Bitte, sie möge das Werk dem Theaterdirektor Iffland empfehlen. Hofkapellmeister Reichardt komponiert für den König seine ersten Opern in deutscher Sprache.

Zu einer großstädtischen Sensation werden die Literaturvorträge von August Wilhelm Schlegel. Aus bescheidenen Anfängen 1801 erwachsen, können die Auditorien im Wintersemester 1804, als er über die *Geschichte der romantischen Poesie* spricht, den Andrang kaum fassen. Neuerdings, so hört man, sind auch Frauen bei Vorlesungen zugelassen. Unter den Hörern sieht man Caroline von Fouqué und Rahel Levin, von der Prinz Louis Ferdinand behauptete, daß sie die geistvollste Frau Berlins sei. Rahel Levin kennt keine Vorurteile. Ihr sind die Darsteller vom Schauspielhaus ebenso willkommen wie der Diplomat Peter von Gualtieri, ein Bruder der Marie von Kleist, wie Graf Salm, Gustav von Brinckmann und er, Prinz Louis Ferdinand. In ihrer Wohnung in der Jägerstraße habe er eine Welt des Geistes und der Kunst angetroffen, die Brüder Humboldt, beide Tiecks und Friedrich Schlegel in erregtem Disput mit dem Journalisten Friedrich Gentz. Daß er bei Demoiselle Levin, der späteren Frau Varnhagen von Ense, auch Pauline kennenlernte, eine bildschöne Frau, einundzwanzig Jahre alt, verschweigt er. Pauline Wiesel, Rahels bevorzugte Freundin, wird seine große, letzte, leidenschaftliche Liebe.

Welche Möglichkeit hat die Königin, mit der geistigen Welt Berlins in Kontakt zu kommen? Friedrich Wilhelm bevorzugt, wenn überhaupt, die Malerei; auf seine Anregung hin entsteht 1800 «die Galerie vaterländisch-historischer

Darstellungen» in der Akademie. Aber ein «Musenhof», wie in Weimar, kann nicht entstehen. Auch sieht er Luise nicht gern in Gesellschaft.

Trotzdem vereint sie, was unvereinbar erscheint. Das geistige Niveau der preußischen Hauptstadt, geprägt von den glänzenden Soiréen, Konzerten und Festen bei den kultivierten Familien Berlins, bleibt nicht ohne königliches Interesse. Friedrich Wilhelm und Luise kommen häufig ins Palais Radziwill, wo ein kleines Orchester Stücke des Fürsten spielt, einem begabten Komponisten und Kunstfreund, dem Achim von Arnim seine *Gräfin Dolores* widmet. Fürstin Luise Radziwill, etwas älter als Luise, ist eng befreundet mit Herzogin Dorothea von Kurland, deren Schwester Elisa von der Recke durch die Entlarvung Cagliostros Aufsehen erregte. Die Herzogin gehört zu den reichsten Frauen Europas.

Aber die Königin meidet das Haus, seit Dorothée, jüngste der vier schönen kurländischen Töchter, dem siebenjährigen Kronprinzen bei einem Kinderball eine Ohrfeige gab. Dennoch war nicht zu bestreiten, daß das Kurländische Palais Unter den Linden zu einem Mittelpunkt eleganter und erlesener Feste wurde. Hier traf sich, was geistvoll und interessant war, Künstler und Verleger, Bürger und Diplomaten, Politiker und Aristokraten, zu denen als Favorit der Herzogin kein anderer als Prinz Louis Ferdinand gehörte.

Lieber folgte das Königspaar allerdings den Einladungen des Reichsgrafen Karl von Brühl und seiner Frau Sophie in ihr Palais an der Weidendammer Brücke. Hier traf man Clausewitz und Gneisenau, Scharnhorst und Marwitz, die Gräfinnen Moltke und Voß, und hier fand Luise Caroline von Berg.

Frau von Berg, sechzehn Jahre älter als die Königin, war eine bemerkenswerte Erscheinung, eine bedeutende Frau. Sie war mit den großen Schriftstellern, mit Goethe, Jacobi und Herder, persönlich bekannt; mit den Brüdern Stolberg, Gleim, Jean Paul und Johann Heinrich Voß stand sie auf vertrautem Fuß. Ihr bester Freund war der Freiherr vom Stein, der sie als «männlich» charakterisiert: Frau von Berg versammelte – nach ihrer Scheidung 1801 – in emanzipierter Eigenständigkeit die geistige Elite Berlins, darunter die Humboldts, in ihrem Haus am Tiergarten um sich.

Von Herder stammt die Charakteristik, man lebe mit Caroline von Berg «ungemein schön, leicht, anmutig und vernünftig» – Eigenschaften, die Luise faszinierten. Eine Beziehung entstand, die immer inniger wurde. «Schon zwei Tage habe ich Sie nicht gesehen, das ist mir unerträglich ... Glauben Sie an meine Freundschaft, die ich langsam gebe, aber dann für's Leben ...» Die Freundschaft währte noch über das Leben hinaus, denn es war Caroline von Berg, die der Königin ins Exil folgte, bis zur letzten Stunde bei ihr war und ihre erste Biographie verfaßte.

Aber Friedrich Wilhelm war sie ein Dorn im Auge – er beanspruchte seine Frau für sich. «Ich hatte keinen anderen Freund als sie» – das ist das erschütternde Geständnis des Mannes, der ohne Luise einsam war. «Durch ihren Besitz in eine so frohe und glückliche Lage versetzt, habe ich fast alle übrigen Verbindungen mit andern Menschen vernachläßiget ... Meine Frau tadelte mich selbst manchmal darüber ...» Er hätte diese Freundschaft gern verhindert, es kam zu Auftritten und Tränen. Die innige Verbindung beider Frauen hatte zur Folge, daß der König die Berg zu hassen begann. Er nannte sie eine Intrigantin, und sie verließ das Zimmer, wenn er erschien.

Zu niemandem sonst aber hatte Luise eine so enge Beziehung. Sie nannte Caroline von Berg ihre Wahlverwandte, ihre «Sympathique», und vertraute ihr an, was Friedrich Wilhelm verschwiegen werden mußte: ihre Neigung zu Alexander von Rußland.

«Mein Kopf läuft nicht mit meinem Herzen davon»

Alexander von Rußland. 1802

Sechzehn Jahre alt war Helena Pawlowna, die älteste Tochter von Zar Paul I., als sie und ihr Mann Ende Januar 1801 für mehrere Wochen in der preußischen Hauptstadt eintrafen. Die russische Großfürstin, blond und blauäugig, schlank und graziös, war seit einem Jahr mit dem zwanzigjährigen Erbprinzen von Mecklenburg-Schwerin verheiratet; nun stattete das junge Paar den Berliner Verwandten einen Besuch ab. Die elegante, verwöhnte junge Frau war offenbar von verwirrender Schönheit. Ihre Wirkung auf Friedrich Wilhelm kann nur mit einem Wort bezeichnet werden: er war hingerissen. Nach Ablauf der Karnevalszeit, die in Berlin wie üblich mit rauschenden Festen, Redouten und einem Maskenball begangen wurde, auf dem «die schöne Helena» im Kostüm einer Fee ihren Verehrer völlig bezauberte, beschenkte sie der König mit der Gruppe *Amor und Psyche* und lud sie zum baldigen Wiederkommen ein. Sie kam, schon im Herbst des gleichen Jahres 1801, und wieder war er so entzückt von ihr, daß das Erntedankfest in Paretz verschoben werden mußte, nur damit «la belle Hélène» es mit ihm feiern konnte.

Nach ihrer Abreise korrespondierte er mit ihr, schrieb Briefe, die ungewöhnlich weich und zärtlich klangen und erkennen ließen, daß er, wie er selber von sich sagte, «jederzeit sehr empfänglich für weibliche Anmuth und Reize» war. Sie konnte seine Briefe nicht lange erwidern. Die durchscheinend zarte Frau verdankte ihre Schönheit auch ihrer Krankheit. Sie hatte Lungenschwindsucht, dagegen konnten weder der englische Dr. Brown noch der berühmte Hufeland etwas ausrichten. Mit neunzehn Jahren war Helena Pawlowna tot.

Es sei ihm unmöglich gewesen, seine Frau zu betrügen, sagte Friedrich Wilhelm später; Schüchternheit und «Schaamhaftigkeit» hätten ihn stets abgehalten, obgleich Luise es ihm verziehen hätte, wie er glaubt – «indeßen hatte sie es nicht nöthig». Weder vor noch während der Ehe, merkt er ausdrücklich an, habe er eine andere Frau besessen als sie.

Kurz nach ihrem ersten Besuch in Berlin, in der Nacht vom 23. zum 24. März 1801, wurde Helenas Vater, der Zar, im Petersburger Michajlowskij-Palast grausam ermordet. Die Umstände ließen sich nie ganz aufklären. Paul, Sohn der großen Zarin Katharina II., war als halb irrsinniger Despot auf Rußlands Thron seit langem gefürchtet und gehaßt. Einige Offiziere beschlossen, ihn gewaltsam zur Abdankung zu zwingen; das Vorhaben endet im Mord. Bei Nacht findet man den Zaren, erwürgt und zerstampft, vor dem Kamin am Boden seines Schlafzimmers. Als General Bennigsen dem Thronfolger die Nachricht überbringt, ruft Alexander: «Ich will die blutbefleckte Krone nicht, bringt sie meinem Bruder!» Doch wenig später läßt er sich mit allem Pomp in Moskau krönen und übernimmt die Regierung.

Da seine Schwester ihm den preußischen Hof in den freundlichsten Farben geschildert hatte, bemühte sich Alexander um die Bekanntschaft mit Friedrich Wilhelm, der sich dasselbe wünschte und ein Treffen während der Truppeninspektionen in Ostpreußen vorschlug.

Am 10. Juni 1802, mittags kurz nach zwölf, traf der junge Kaiser von Rußland mit seinem

Gefolge in Memel ein, in prachtvoller Uniform, hoch zu Pferde, an seiner Seite der König von Preußen, der ihm bis vor die Stadt entgegengeritten war.

Wenn jemand Macht und Jugend, Selbstbewußtsein und Charme, Energie und Überzeugungskraft in die Waagschale legen konnte, dann Alexander von Rußland. Niemand war so überrascht wie Luise, als sie ihn sah. Kein Porträt hatte seine lebendige Persönlichkeit auch nur annähernd wiedergeben können. «Der Kaiser ist einer der seltensten Menschen, die alle liebenswürdigen Eigenschaften mit allen echten Vorzügen vereinen ...» Zwar habe sie die Alpen nicht gesehen, schreibt sie an Georg, der sich in Rom befindet, aber dafür «einen Menschen im ganzen Sinn des Wortes, dessen Bekanntschaft mehr ist als alle Alpen der Welt». Sie spreche «von dem einzigen Alexander».

Auch auf den nüchternen Friedrich Wilhelm machte die zuvorkommende Höflichkeit des russischen Herrschers Eindruck. In jenen Tagen entstand eine Freundschaft, die die Politik Europas in Zukunft entscheidend beeinflussen wird. «Der Zar hat Grundsätze», erklärt der

Zu ihr empfand der König eine Herzensneigung: Helena, Großfürstin von Rußland, Schwester des Zaren, die mit neunzehn Jahren starb.

König freimütig, «welche mich für ein Leben an ihn knüpfen.» Nur der Berater des Zaren, der junge polnische Fürst und spätere Außenminister Adam Czartorysky, der fanatisch die Vernichtung Preußens anstrebte, verurteilt die Begegnung als eines der «unseligsten Ereignisse», das Rußland je betroffen habe.

Zar Alexander I., Enkel von Katharina der Großen, war fünfundzwanzig Jahre alt und selbst vor dem prüfenden Blick der Gräfin Voß «ein schöner Mann, blond, mit einer sehr frappanten Physiognomie». Die alte Dame sah auch, was sie besser nicht sehen sollte: «Der Arme ist ganz begeistert und bezaubert von der Königin.»

Alexander und Luise, fast gleichaltrig, begegnen sich offen und frei, entzückt von ihren Gemeinsamkeiten, beseelt von ihren Idealen. Der Zar hatte lange keine Frau erlebt, mit der er so gelöst sprechen konnte, ohne Furcht vor Schmeichelei und Lüge. Sechzehnjährig hatte man ihn mit einer wenig bedeutenden Prinzessin von Baden vermählt, nach zwei früh gestorbenen Töchtern war er kinderlos und empfand für seine Ehefrau nicht mehr als gelangweilte Sympathie.

«Ach! – Wie viel ist mir diese Bekanntschaft wert» – Im Sommer 1802 begegnete Königin Luise – hier gefolgt von ihrer Oberhofmeisterin Gräfin Voß, der Hofdame Gräfin Moltke und zwei Kammerherren – dem russischen Zaren, der sich ihr im Geleit von Friedrich Wilhelm III., seinen Brüdern und Höflingen nähert.

Von Luises Attraktivität und Temperament ist er überrascht. Die französische Malerin Vigée-Lebrun, die Luise porträtierte, hat sie beschrieben: «Der Zauber ihres Gesichtes, das Wohlwollen und Güte ausdrückte, die so zarten und regelmäßigen Züge, die Schönheit ihrer Gestalt, ihres Halses, ihre Arme, die blendende Frische ihrer Hautfarbe, mit einem Wort, alles an ihr übertrifft noch das Zauberhafteste, was man sich denken kann ... Eine Krone von schwarzen Jetperlen auf dem Haupte hob die blendende Weiße ihrer Haut noch mehr hervor. Man muß die Königin von Preußen gesehen haben, um zu begreifen, daß ich bei ihrem Anblick wie bezaubert dastand.»

Luise ihrerseits erlebte verwirrt das Eindringen des Irrationalen in ihr bisher abgezirkeltes Dasein, in dem für die Pflichten von Regentin, Gattin und Mutter, doch für Leidenschaften kein Raum war. Gespräche, in denen es knistert. Blicke des Einverständnisses, Zugewandtheit, Bestätigung. Durch Alexander kam Glanz ins Leben. «Ich habe mich überzeugt, daß er mit seinen Vorzügen alle jene Liebenswürdigkeit verbindet, die geeignet ist, ihn zu lieben» (chérir). Starke Worte.

Sie geht so weit, den fremden Monarchen mit ihrem eigenen Mann zu vergleichen, was noch nie vorgekommen ist, und vergewissert sich (auf einem abgerissenen graublauen Blatt Papier), worin Alexander der Überlegene ist: «viel Geist», «Sicherheit», «Willenskraft» – Eigenschaften, die sie bei Friedrich Wilhelm vermißt. «Er hat die loyalsten, edelsten und gerechtesten Grundsätze und gleicht in allen wesentlichen Punkten dem König.» Darin liegt hohes Lob. «Voilà – eine unvollständige Skizze seiner Art zu sein.» Alexander ist Leben und Tatkraft, «ein Mann im wahrsten Sinne des Wortes».

Am Abend des 13. Juni 1802 fand ein kleiner Ball statt, «die Musik war schlecht, die Gesellschaft nicht elegant, dennoch vergnügten wir uns wunderbar ... und tanzten Polonaise ohne Ende und Aufhören ... Ein Tanz war zu Ende, der Kaiser setzte sich neben mich, um auszuruhen, wir sprachen miteinander ...» So steht es in winziger Schrift auf neun blauen Briefseiten, die sie «in dem Rothen Maroquinkasten» aufbewahrte.

Er kommt jeden Morgen zu ihr zum Frühstück. «Er trinkt Tee (den ich jedesmal selbst mache)», sie unterhalten sich. Tagebuch der Voß: «Gegen Abend ritt die Königin mit dem Kaiser zum Lager hinaus … Die Königin sah wunderschön aus.» Luise sang französische Romanzen, «die ihm sehr gefielen». Sie ist erregt, ist selig – da kommt der unerwartete Einbruch. «Nach Tische bekam die Königin einen Anfall von Brustkrämpfen, die sie noch nie im Leben gehabt hat, ich glaube infolge der großen Hitze», heißt es im Tagebuch der Oberhofmeisterin.

In einem Augenblick größten Glücks kündigt die Krankheit zum Tode sich an. Ein russischer Arzt wird gerufen, er hilft ihr, doch es dauert Stunden, bis sie wieder aufstehen kann. Tagebuch Luises: «Wir aßen zu Abend in meinem Salon, da ich zu schwach war, um auszugehen, und wir vergnügten uns recht gut.»

Als die Königin und Alexander am vorletzten Morgen auf das Satteln der Pferde warten, benutzt sie den unbewachten Augenblick, um ihm «sehr viele Dinge zu sagen, die ich auf dem Herzen hatte. Ich bat ihn, so zu bleiben, wie er wäre … Ich stellte ihm vor, wieviele Klippen er zu überwinden habe, die Jugend, die Unerfahrenheit und die verschiedenen, mit Jugend und

Kraft verbundenen Leidenschaften ...» Was trieb sie zu dieser Aussprache? An ihren Bruder schreibt sie: «Mit jedem Blick macht er Glückliche und Zufriedene durch seine Huld und himmlische Güte ... Ach! Wie viel, wie viel ist mir diese Bekanntschaft wert!»

Am 16. Juni 1802 trennte man sich. In der vom Regen durchnäßten Kutsche schreibt sie ins Tagebuch: «Nach dem Mittagessen kam er bald wieder; da es der letzte Tag war, suchte man begierig jeden Augenblick zu nutzen ... Gegen 8 Uhr machten wir noch einen Spazierritt, er redete viel mit mir vom König, wie gern er ihn hätte, wie er ihn achte.»

Sie hatte an diesem Abschiedstag noch Briefe zu schreiben; Alexander trat ins Zimmer, nahm ihr das Petschaft aus der Hand, falzte und siegelte die Papiere für sie. Eine Geste der Intimität. «Dann setzte er sich zu mir, und wir sprachen von sehr vielen interessanten Dingen; wir waren sehr traurig. Um 9 ½ Uhr ging er fort, mit großen Tränen in den Augen ... ich blieb oben an einem Fenster, das auf den Hof ging, wo sich sein Reisewagen befand; von dort trug mir ein letztes Neigen des Kopfes aus seinem Wagen sein Lebewohl zu ...»

Am Tag nach der Trennung schreibt sie ihm schon.

Tilsit, den 17. Juni 1802. Der Abschied – «er war schrecklich». «Unaufhörlich hege ich für Sie Tausende von Wünschen ...»

Vier Tage danach greift sie wieder zur Feder, wir lesen den (bisher unveröffentlichten) Brief: «... Ich kann mich indessen des Vergnügens und der Befriedigung (satisfaction) nicht erwehren, mich mit Ihnen zu unterhalten –»

Alexander erwidert ihre Briefe mit einer Privatheit, die von Napoleons Geheimpolizei als Indiz dafür gewertet wird, daß es sich hier nicht um den üblichen Austausch gekrönter Häupter, sondern um eine erotische Beziehung handeln muß. Sie hatte geantwortet: «Die Erinnerung an Memel, die Sie in mir wachrufen, entzückt mich! Ich knüpfe daran dieselben Gelöbnisse wie Sie.» Ein Jahr später, im Juli 1803, dankte sie wieder für einen «göttlichen» Brief, den sie wie einen Schatz ewig aufbewahren werde. Er rief ihr «in den schmeichelhaftesten Ausdrücken (und, was noch mehr ist) in den süßesten Worten herzlicher Freundschaft jene so glückliche Zeit zurück –». Sie habe ihren spontanen Antwortbrief vernichtet, «ohne indessen die Gefühle zu vernichten, die ihn diktierten».

Tagebuchskizzen. «Er hat eine Engelsgüte, die sich in allen seinen Handlungen ausprägt, der Eindruck verbreitet sich über seine ganze Erscheinung. Vor allem durch diesen Ausdruck gefällt er, denn seine Schönheit ist nicht ebenmäßig.»

Kann sie es niederschreiben? «Der Mund ist regelmäßig schön. Er ist wunderbar gut gebaut und von sehr stattlicher Erscheinung. Er sieht aus wie ein junger Herkules.» – So schreibt nur jemand, der fasziniert ist. Sie sucht es der Voß zu verbergen und der Kleist, nur Caroline von Berg, «die herrliche, kluge, unvergleichbare» Berg darf erfahren, daß jemand Gefühle in ihr wachrief, die Friedrich Wilhelm nicht zu wekken vermochte. Sie erfindet für Alexander ein Symbol, das ihn als Hoffnungsträger charakterisiert: er ist ihr «Morgenstern». Nach der preußischen Katastrophe ruhen auf dem Zaren nicht nur die persönlich-familiäre, sondern auch ihre nationale Hoffnung. Solange dieser Stern leuchtet, kann ihre Welt nicht untergehen. Daß Alexander vor der Freundschaft versagen wird, bezahlt sie mit tiefer Resignation.

Aber keinen Augenblick, weder damals noch später, vergißt sie die Loyalität zu ihrem Mann, sowenig wie er in seiner Beziehung zu Alexanders Schwester Helena. «Mein Kopf läuft nicht mit meinem Herzen davon», hat sie gesagt. Es entsprach ihrem weiblichen Selbstverständnis, der Mittelpunkt eines einzigartigen fürstlichen Familienglücks zu sein. Ihre Ehe wurde, wie Novalis sagte, zum Fanal für ein ganzes Volk.

Friedrich Wilhelm war ihre Zuneigung keineswegs entgangen. Sie hat ihm ihr Vertrauen in Alexanders Freundschaft, ihre Überzeugung von seiner Integrität, ihre Freude bei seinem Besuch in Berlin 1805 auch gar nicht zu verbergen gesucht. Selbst die neue Schwägerin Marianne notierte bei der Ankunft des Zaren in ihr Tagebuch: «Die Königin konnte sich kaum halten vor Seligkeit.» Luise sei leicht beeinflußbar gewesen und habe dann «fremde Ansichten für ihre eigenen» gehalten, bemerkt Friedrich Wilhelm in seinen Erinnerungen (*Vom Leben und Sterben der Königin Luise*). Er habe sehr wohl bemerkt, daß sie «für Männerschönheit und Würde» nicht unempfänglich war, und er gesteht sein Wissen um diese Beziehung ein: «Von *einer* Person nur könnte vielleicht gesagt werden, daß sie einen mehr als gewöhnlichen Eindruck machte und auch einen mehr als gewöhnlichen hinterließ, der nur, im letzten Jahr etwa, nachgelaßen haben kann.» Er hält ein. «Wie dem auch sey, so war auch dieses Gefühl rein und edel und trat nie auf die entfernteste Weise ihren Pflichten in den Weg.»

Ihre «Pflichten» erfüllte die Königin allerdings. Im Februar 1803 brachte sie ihr siebtes Kind zur Welt, Friedrich Wilhelm bat in ihrem Namen Alexander zum Paten. Und so wie Dichter in ihren Romanen die Namen geliebter Menschen auf ein Wunschbild projizieren, verlieh Luise ihrem Ideal im eigenen Leben Realität. Obwohl bisher beim preußischen Königshaus nicht üblich, nannte sie die neugeborene Tochter Alexandrine.

«Warum mußte er sterben?»

Ein Dichter und ein Kaiser in Berlin.
1803–1805

Friedrich Wilhelm wußte, welche Freude er Luise machte, als er ihr im Mai 1803 ein Wiedersehen mit ihren drei Schwestern ermöglichte. Eine Inspektionsreise nach Magdeburg sollte in Wilhelmsbad mit einer Zusammenkunft der Familie enden. In größter Vorfreude reiste man ab. Doch Luises Bericht an Georg, der sich in Rom in Napoleons Schwester Pauline Borghese verliebt hatte und nicht lösen konnte, klingt zwiespältig. «In Fürth fand ich Friederike. Diese Zusammenkunft war beinahe mehr schmerzlich als erfreulich ... denn sie weinte so heftig, daß sie sich nicht erholen konnte ...» Es war ein Unglück, immer getrennt zu sein. Luise erfuhr von den Sorgen mit dem psychisch labilen, unberechenbaren Prinzen Solms. Mit welchen Erwartungen war Friederike in ihr Glück gesegelt, und was war daraus geworden! «Ach! lieber Georg, da war es trübe!» Friederike beichtete eine neue Affaire, «die mich in meinem Innern durchbebte, wegen der Folgen ...»

Von Wilhelmsbad aus bitten Friedrich Wilhelm und Luise die Mutter Goethes zum zweitenmal, sie vom nahen Frankfurt aus zu besuchen. In allen Einzelheiten berichtet Katharina Elisabeth Goethe das Ereignis: wie ein Wagen mit livrierten Dienern und vier herrlichen Pferden vorfuhr, um sie abzuholen: «... ich wurde in ein schönes Zimmer geführt, da erschien die Königin wie die Sonne unter den Sternen, freute sich herzlich mich zu sehen, präsentierte mich an dero drei Schwestern ... Ich war so aufgespannt, daß ich hätte lachen und weinen zu gleicher Zeit mögen – da kam auch der König – die Königin ging an einen Schrank und brachte ein kostbares goldenes Halsgeschmeide, und nun erstaune!!! befestigte es um meinen Hals mit ihren eigenen Händen ...»

Es ist bemerkenswert, daß Napoleon Goethe, Luise aber seine Mutter ehrte – als Frau handelte sie nach eigener Maßgabe! Als Schillers Schwager Wolzogen ihr einige Wochen später in Berlin erzählte, wie sehr Goethe sich über die großherzige Geste gefreut habe, lief Luise sofort mit der Nachricht zum König, woraus Wolzogen schloß, daß auch Seine Majestät besonderes Interesse an dem großen Dichter habe. Goethes Bemerkung in den *Maximen und Reflexionen*, daß Luise «eine höchst vollkommene, angebetete Königin» sei, beweist, daß sie selbst auf diesen nüchternen Menschenbeobachter ihre Wirkung nicht verfehlte.

Pauken- und Trompetenklänge begleiteten «den Einzug der strahlend schönen Königin» an ihrem dreißigsten Geburtstag ins Schloß, in dessen riesigem Ballsaal sich auch Germaine de Staël befand, als eine der geistreichsten Frauen Europas berühmt und berüchtigt. Sie wurde dem König vorgestellt, der der unversöhnlichen Feindin Napoleons sein Kompliment machte. Luise, die den Roman *Delphine* mit Interesse gelesen hatte, empfing sie zuvorkommend. «Ich hoffe, Sie merken, Madame», sagte sie, «daß wir genügend Geschmack haben, um durch Ihre Anwesenheit in Berlin geschmeichelt zu sein. Ich bewundere Sie seit langem und warte mit Ungeduld darauf, Ihre Bekanntschaft zu machen.» Die reiche, achtunddreißigjährige Baronin, anfangs begeisterte Anhängerin der Revolution, später deren heftigste Geg-

Friedrich Schiller war der Dichter, den Luise und Friedrich Wilhelm am höchsten schätzten und für Berlin gewinnen wollten.

nerin, war des Landes verwiesen worden und reiste nun mit ihrem Gefolge durch Deutschland. Sie besuchte in Weimar Schiller, Goethe und Wieland und lernte in Berlin August Wilhelm Schlegel kennen, der ihr fortan als intimer Freund und Begleiter zur Seite stand und zum Initiator ihres Hauptwerks *De l'Allemagne* wurde, worin die Autorin das lange gültige Idealbild eines von träumenden Dichtern und weltfremden Denkern bewohnten Deutschland schuf.

Zwei Tage nach dem Geburtstag fand am 12. März 1804 im Königlichen Nationaltheater vor zweitausend Zuschauern ein Maskenfest statt mit der Pantomime: *Die Hochzeit Alexanders des Großen mit der Tochter des Darius*. Heldin der Szene war Luise, die ausgerechnet von Prinz Louis Ferdinand – in der Rolle des Alexander – zur Frau begehrt wird. Thema und Darstellung waren nicht ohne peinliche Pikanterie. Massenbach und andere Höflinge äußerten ihre Empörung. «Wie? Die Königin niederknien zu den Füßen dieses Wüstlings? So wenig kennt man das Gemüt des Prinzen Louis Ferdinand?»

Aller möglichen Folgen ungeachtet blieb es

dabei, und mit großem Aufwand inszeniert, wurde die Maskerade zum rauschenden Fest. Auch hierzu war Madame de Staël gebeten, die, von Massenbach als «ein großes, dickes, höchst impertinentes Mensch» tituliert, an den Darbietungen keinen Gefallen fand. Ihr vitales und oft exaltiertes Wesen erfreute sich bei Hof keiner Beliebtheit, obwohl man ihre scharfe Intelligenz bewundern mußte. Sie dinierte am Tisch der Königin und schrieb: «Halb Berlin zog an mir vorbei – wenn Berühmtheit ein Vergnügen ist, so habe ich es reichlich genossen.»

Nicht Goethe, sondern Schiller, als Dichter und Dramatiker der poetische Favorit des Königspaares, wurde im Mai 1804 durch den Direktor des Königlichen Schauspiels, Iffland, nach Berlin eingeladen. Ihm zu Ehren führte man nacheinander *Die Braut von Messina, Die Jungfrau von Orleans* und *Wallensteins Tod* auf. Ludwig Tieck, der die Vorstellungen sah, empfand es als ein «Erlebnis der ganzen Stadt»; alle fühlten, daß nach den «blassen Tugendgespenstern» Kotzebues nun mit Wallensteins «mächtigem Geist» eine neue Epoche der Literatur angebrochen war.

Schiller wohnte zunächst in Ifflands Sommerhaus im Tiergarten, wo Schinkel, Schleiermacher und Schadow zu Gast waren, bezog dann das renommierte Hôtel de Russie Unter den Linden, und sobald er auf der Straße erschien, brachte ihm die Bevölkerung Ovationen dar. Jetzt erst wurde dem Dichter bewußt, wie sehr die Berliner ihn schätzten: als er seine Loge im Theater betrat, erhob sich das Publikum und spendete Beifall. Die Stadt gefiel ihm zunehmend; er sah Hufeland wieder, besuchte Fichte, Woltmann und Goethes Freund Zelter. Am 13. Mai 1804 war er persönlicher Gast der Königin, die eben den zweiten Band seiner Gedichte las («... es sind göttliche Sachen darin!») und ihn mit seiner Frau Charlotte und den Söhnen in sichtlicher Freude empfing. Sie äußerte bei dieser Begegnung den Wunsch, Schiller, den sie zuletzt als Zehnjährigen in Darmstadt gesehen hatte, für Berlin zu gewinnen. Wie es schien, war er nicht abgeneigt, zumal der König sich nach seinen Forderungen erkundigte. Hauptsächlich war es Schiller um eine finanzielle Sicherstellung zu tun; die Geburt seines vierten Kindes stand bevor.

«Berlin gefällt mir und meiner Frau besser,

als wir erwarteten. Es ist dort eine große persönliche Freiheit und eine Ungezwungenheit im bürgerlichen Leben», schrieb er Körner. «Musik und Theater bieten mancherlei Genüsse an, obgleich beide bei weitem nicht das leisten, was sie kosten …» Gleichzeitig sandte er ein diplomatisch abgefaßtes Schreiben an den Minister Beyme mit dem kühnen Vorschlag, einen Teil des Jahres in Weimar, den anderen in Berlin zu leben – mit der Begründung, die Anregungen einer großen Stadt mit der besinnlichen Ruhe einer kleinen verbinden zu wollen. Dazu forderte er die nicht geringe Summe von zweitausend Reichstalern jährlich, um «ein Bürger des Staats zu sein, den die ruhmvolle Regierung des vortrefflichen Königs beglückt».

Doch die Übersiedlung kam nicht mehr zustande, weil Schiller erkrankte und schon im Mai des folgenden Jahres starb. Luise war von diesem Verlust unendlich betroffen; sie ließ der Witwe durch Hufeland ihre Hilfe anbieten; an Caroline von Berg schrieb sie aus Königsberg: «Ach, auch in meinem Schiller hab' ich wieder gelesen! Warum ließ er sich nicht nach Berlin bewegen? Warum mußte er sterben?»

Im selben Jahr 1805 hatte Napoleon den preußischen König mehrmals – unter der Versicherung eines anhaltenden Friedens – aufgefordert, sein Bundesgenosse zu werden. Aber der König traute dem Usurpator nicht und war weder zu Vasallendiensten noch zu einem Bündnis mit Rußland, das ihm den Rücken gestärkt hätte, zu bewegen. Alexander erhielt nicht einmal die Erlaubnis zum Durchmarsch russischer Truppen durch preußisches Gebiet: eher wolle er untergehen, als sich von Rußland Gesetze vorschreiben zu lassen, sagte er dem russischen Gesandten.

Energisch schlug der Zar, der die Friedensliebe des Königs kannte, eine sofortige Zusammenkunft vor. Friedrich Wilhelm geriet in Panik. Er fürchtete jede Begegnung, bei der Druck auf ihn ausgeübt werden sollte. Um allem zu entfliehen, zog er sich «stur wie ein Maulesel» (so die Voß) nach Paretz zurück und erklärte kurzerhand, eine Erkrankung (des Fußes) mache ein Treffen unmöglich. Zu Köckritz, seinem devoten Generaladjutanten, machte er die Bemerkung: «Mehr als ein König ist untergegangen, weil er den Krieg liebte; ich werde untergehen, weil ich den Frieden liebe.»

Zu diesem Zeitpunkt wurde Napoleon vertragsbrüchig. Er ließ seine Truppen, ohne erst um Erlaubnis zu bitten – nach der Devise: Macht geht vor Recht –, durch das preußische Ansbach marschieren und besiegte mit dieser List die Österreicher bei Ulm. In der allgemeinen Empörung, daß der Wille des preußischen Königs mit Füßen getreten werde, ergriff nun auch Luise Partei; zur Freude von Prinz Louis Ferdinand sprach sie sich für den Bruch mit Frankreich – und ein Bündnis mit Rußland – aus.

Mit großem Gefolge, von einer enthusiastischen Bevölkerung mit Jubel und Kanonendonner begrüßt, traf Zar Alexander I. am 25. Oktober 1805 in Berlin ein. Es wurden diese Tage fürstlicher Pracht und strahlenden Glanzes die letzten im alten Preußen vor seinem Untergang. Eine europäische Gesellschaft ersten Ranges hatte sich in den Sälen des Berliner Schlosses versammelt, darunter auch der Gesandte Österreichs, Clemens Fürst Metternich, der in Zar Alexander «einen 28jährigen Knaben mit flachem Gesicht» sah. Der preußische König gab elegante Feste und erlesene Soupers und unterschrieb schweren Herzens den Bündnisvertrag mit Rußland und Österreich für den Fall, daß Frankreich jemals wieder seine Grenzen verletzen sollte.

Der Besuch Alexanders, den Luise mit Herzklopfen herbeigesehnt hatte, wurde für sie zu einer unbeschreiblichen Enttäuschung. Die politische Szene hatte sich verändert. Nun wollte der Zar derjenige sein, der Europa von dem machtgierigen Eroberer befreite und das europäische Gleichgewicht wiederherstellte. Zwar gab er sich der Königin gegenüber so chevaleresk und zuvorkommend wie nur möglich, aber nach einem Gespräch unter vier Augen verlangte er nicht, und es fehlte dem Wiedersehen das Fluidum, das ihre Begegnung in Memel so beglückend gemacht hatte.

In seinem Leben hatte es überdies Veränderungen gegeben, von denen Luise nur andeutungsweise erfuhr. Er hatte in Maria Antonia Naryschkina, einer dunkellockigen polnischen Fürstin, die Geliebte gefunden, mit der er in Petersburg zusammenlebte. Seine korrekte Aufmerksamkeit, die Luise wie Gleichgültigkeit erschien, zerstörte alle Illusionen einer Seelenfreundschaft. Von Anspannung und Enttäuschung gequält, verlor sie die Nerven und brach während eines Balles im Schloß Bellevue vor aller Augen in Tränen aus.

Der Zar besichtigte die Stadt, das Zeughaus und die Militärakademie, Kadettenanstalt und Porzellanmanufaktur. Nach ihm wurde der «Alexanderplatz» in der Mitte Berlins benannt. Schließlich gewann Luise ihre Fassung zurück und erschien in glänzender Eleganz an der Seite des Gastes. Den letzten Tag verbrachte man im Schloß Charlottenburg, wo sie ihm ihren Lieblingsplatz vorführen wollte, doch Kälte und Schneefall machten es unmöglich. Am Abend dieses 4. November 1805 verlangte Alexander plötzlich danach, den Sarg Friedrichs des Großen zu sehen, den er über alles verehrte. Der König ließ die Potsdamer Garnisonkirche mit Fackeln erhellen, und um Mitternacht stiegen beide Monarchen mit der Königin in die Gruft, verharrten bewegt vor dem Sarg des großen Preußenkönigs und verließen nach einer Weile, jeder mit seinen Gedanken beschäftigt, den düsteren Ort. Es war ihr letztes Beisammensein in Friedenszeiten.

Nach Alexanders Abreise litt Friedrich Wilhelm unter Anfällen von Melancholie. Er ist grüblerisch, nervös und unerträglich gereizt.

Auch sein Verhältnis zu Luise ist für Tage getrübt, weil sie inzwischen der kriegswilligen Partei Louis Ferdinands angehört und ihren Mann mit aller Gewalt umzustimmen sucht. Man munkelt am Hof schon von einer Ehekrise.

Die kluge, aber auch intrigante Gräfin Moltke, Hofdame der Königin, sah sich einem Drama gegenüber. «... Wie kurz darauf der Kaiser von Rußland mit seinem Feuereifer in Potsdam erschien, mit Umgebungen, ebenso jugendlich, gebildet, hoffnungsvoll, unternehmend wie er selbst, und sich nun dies alles ihr vor Augen stellte – gegenüber ihrem Mann nebst seinen teils geistesschwachen, teils egoistischen Umgebungen ... da will ich nicht in Abrede stellen, daß der Kaiser Alexander einen mächtigen Eindruck auf sie machte und sie sich unglücklich zu fühlen anfing ... Als nun all' unsere politischen Fehler hinzutraten, kam es mit der Königin zum Durchbruch – sie bat, sie flehete – alles, damit er sich nicht mit Schande beladen sollte ... aber vergebens: er wies sie hart zurück, holte einen Strickstrumpf, gab ihr den und sagte, dies sei ihr Geschäft, um andere soll sie sich nicht bekümmern. Es folgte eine kurze Zeit der Entfremdung und harter Behandlung von seiner Seite …»

Unzufrieden waren auch die Heerführer und preußischen Generäle – die Truppen stehen unter Waffen, aber die Armee Friedrichs des Großen ist es nicht mehr! Am 2. Dezember 1805 erhält der König die Nachricht, daß Napoleon, der sich selbst zum Kaiser krönte, das zahlenmäßig überlegene Heer Alexanders bei Austerlitz vernichtend geschlagen hat.

«Überhaupt mehr Selbstvertrauen ...»

Die preußische Niederlage.
1806

Im Gegensatz zu seinem berühmten Vorfahren, Friedrich dem Großen, war Friedrich Wilhelm III. militärisch ohne Ehrgeiz und ein Pazifist ersten Ranges, der die Ansicht vertrat, der glücklichste Krieg «würde den Ruin meiner Provinzen und des Wohlstands im Norden noch sicherer im Gefolge haben als vorübergehende Besitznahmen». Wenn je ein Egoismus verzeihlich sei, notierte sich die junge Königin schon 1799 zu seiner Antikriegshaltung, dann der eines Herrschers, der seinem Volk den Frieden bewahren wolle. Aus ihren Notizen wissen wir, daß sie den König, aus Erfahrung skeptisch, darin bestärkte, keine Bündnisse mit den großen Mächten einzugehen. Wenn man auf die Hilfe der anderen rechne, hatte sie während des Polenfeldzugs bemerkt, «lassen sie einen in der Sauce allein».

Es war tragisch, daß gerade Friedrich Wilhelm, Kriegsgegner aus Überzeugung, in einer

Epoche gesellschaftlicher Umbrüche lebte, in der Grenzen mißachtet, Reiche geplündert, Bündnisse gebrochen, Herrscher gestürzt und die Länder Europas mit Krieg überzogen wurden. Gerade durch seine absolute Friedensliebe manövrierte sich der König in eine Isolation hinein, die ihn 1805 schließlich zu einem unfreiwilligen Bündnis mit Frankreich zwang – wollte er nicht zum Spielball Napoleons werden.

Im März 1806 starb Ferdinand, Friedrich Wilhelms vierter Sohn, «das Entzücken seiner Mutter», noch nicht anderthalb Jahre alt, «an einem hitzigen Nervenfieber». Der König weinte, als er von dem toten Jungen Abschied nahm, und Luise war gesundheitlich so herunter, daß Hufeland ihr eine Kur in Bad Pyrmont verschrieb. «Die Königin war lange Zeit untröstlich über den Verlust dieses Kindes, fast hatte sie keinen Moment vollkommen heiteren Glückes mehr», notierte die Voß, und Luise bat ihren Mann, sie wegen ihrer miserablen Gesundheit reisen zu lassen: es sei besser, sich für einige Zeit zu trennen, «als bald auf immer». In einer Mischung aus politischem Kalkül und persönlicher Zuneigung schickte sie noch kurz vor ihrer Abreise ein Schreiben an den Zaren, er möge ihr seine Büste schenken («ich lege unbeschreiblichen Wert darauf») und dem König die Treue halten, denn sie baue auf seine Freundschaft. Dann reist sie für sechs Wochen nach Pyrmont.

Der König wohnte planmäßig wie in jedem Jahr den Manövern seiner Regimenter bei. Auch in politisch kritischen Situationen hat er sich niemals davon abhalten lassen, die Vollkommenheit des Exerzierens und die (oft von ihm selbst entworfenen) Uniformtypen persönlich zu überprüfen. Die ausgiebige Beschäftigung mit Militärparaden und Uniformen – dazu gehörte die Übernahme des Tschako für die preußische Armee – war eine Leidenschaft, die er selbst im Exil beibehielt. Er wäre vermutlich ein ausgezeichneter Regimentskommandeur gewesen – ein ausgezeichneter Heerführer aber war er nicht.

Seit zwölf Jahren mit Luise verheiratet, versicherte er ihr schon am Tag ihrer Abreise, wie «fremd, traurig und still» es ohne sie sei. «Deine Gesellschaft ist mir so unerläßlich geworden, daß nichts auf der Welt mich dafür entschädigen kann. Mit einem Wort, ‹er fällt um ohne mich›, wie Du immer sagtest …» Und er schreibt den anrührenden Satz: «Wir hätten also unrecht, wenn wir uns zu die ganz unglücklichen Ehepaare rechnen wollten, nicht wahr?» Die Briefe zeigen einen Ehemann, der sich eifersüchtig stellt – «… aber ich werde mich rächen und in Zukunft nur Damen bei mir sehen, sehr hübsche Damen …» – und der ihr, damit sie nicht immer nur Goethes *Werther* lese, einen Roman von Laun als «launige Lektüre» schickt! Nichts von der obligaten Kürze und prosaischen Nüchternheit, die man ihm nachsagte. Seine Frau antwortete eifrig, er solle an sie denken «trotz aller Damen mit Schals», und benutzte in der sicheren Entfernung die Gelegenheit, ihm offen die Meinung zu sagen. «Überhaupt ist mehr Selbstvertrauen das einzige, was dir fehlt … Gott hat Dir alles gegeben, richtigen Blick und einzigartige Überlegung …»

Nur Georg gegenüber äußerte sie ihre wahren Ängste: das Vorgehen Napoleons. Nachdem er bei Ulm und Austerlitz einen glänzenden Doppelsieg errungen hatte, hielt ihn nichts mehr von weiteren Eroberungszügen zurück.

Er ergriff unrechtmäßig Besitz von den preußischen Fürstentümern Kleve, Berg, Neuchâtel und Ansbach, den Abteien Essen, Elten und Werden und nötigte den König, Hannover zu besetzen, was zu einer Kriegserklärung Englands gegen Preußen führte. In dem von französischer Kultur, französischer Sprache und Literatur beeinflußten Berlin schlug die Stimmung um, eine antifranzösische Haltung breitete sich aus; man rief nach Vergeltungsmaßnahmen und rechnete die Königin, deren patriotische Einstellung bekannt war, zur kriegstreibenden Partei. «Ach ja, bester Georg, das Diadem ist schwer, wenn man gut und ehrlich bleiben will ... Ich bin wieder einmal recht herunter an Leib und Seel', und gerne gäbe ich zwanzig Jahre meines Lebens hin, und hätte ich nur noch zwei zu leben, wenn dadurch die Ruhe in Teutschland und Europa zu erlangen wäre.»

Alle Hoffnungen auf Frieden wurden zunichte, als Napoleon durch die Gründung des Rheinbundes am 12. Juli 1806 das Ende des alten Römischen Reiches deutscher Nation erzwang. Der König schickte ihm eine Depesche nach der anderen, die unbeantwortet blieben. «Er will

Im Park von Schloß Charlottenburg versammelt sich die königliche Familie im Sommer 1805, dem letzten Friedensjahr. Wir sehen im Vordergrund die Kinder Wilhelm und Charlotte (später Kaiser Wilhelm I. und die Zarin von Rußland), dahinter den zehnjährigen Thronfolger Friedrich Wilhelm mit Alexandrine und Karl, neben ihnen sitzend ihre Eltern mit der Schwägerin Marianne von Preußen, stehend die Brüder des Königs, Heinrich und Wilhelm.

keine Macht an der Seite der seinigen», schrieb er daraufhin am 6. September 1806 an den russischen Zaren, den er insgeheim – trotz der Allianz mit Frankreich – seiner wahren Solidarität versicherte. Ein Ultimatum an Frankreich, seine Truppen über den Rhein zurückzuziehen und die Gründung des Norddeutschen Bundes als Gegengewicht zum Rheinbund zuzulassen, blieb ebenfalls unbeantwortet. Eine eigenhändige Aufzeichnung Friedrich Wilhelms aus den ersten Septembertagen 1806 hat sich erhalten, worin er bereits sämtliche Möglichkeiten – von weiteren Verhandlungen über einen Sieg Napoleons bis zur preußischen Niederlage – mit großer Klarheit überdachte. Es ging um die Ehre der Nation. «Ich habe keine Wahl mehr als den Krieg» – Friedrich Wilhelm befahl die Generalmobilmachung.

Die Kriegsbegeisterung im Land war groß, und zu denen, die sie unterstützten, gehörten auch die beiden Brüder des Königs und Prinz Louis Ferdinand, die gemeinsam in einer provozierenden Denkschrift die bisherige preußische Politik scharf verurteilten. Friedrich Wilhelm war nicht nur außer sich über die Schrift, die – im Klartext gelesen – einer Meuterei gleichkam, sondern fast noch mehr über die Tatsache, daß seine Gegner zuvor die Zustimmung der Königin eingeholt hatten. Bei ihr befand er sich, als man ihm das Schriftstück überbrachte. Es gab einen Wutanfall, er schloß sich mit ihr im Zimmer ein – mit niemandem hat Luise jemals darüber gesprochen.

Selten war ein preußischer König der Gefahr so nahe, von den eigenen Verwandten gestürzt zu werden. Louis Ferdinand mußte sich vom König sagen lassen, auch Prinzen seien schon in Festungshaft gekommen! Er erhielt nicht einmal mehr die Erlaubnis, sich vor dem Abmarsch von Luise zu verabschieden. «Ich werde mein Blut für den König und mein Vaterland vergießen», schrieb er ihr am letzten Abend, «ohne einen Augenblick zu hoffen, es zu retten.» Sie haben sich nicht mehr gesehen. Am 12. Oktober 1806 kam Prinz Louis Ferdinand, vierunddreißig Jahre alt, im Gefecht von Saalfeld ums Leben.

Die Situation war grotesk: Napoleon, der den Krieg zumindest zu diesem Zeitpunkt nicht wünschte, beschwor einen König, dem nichts lieber gewesen wäre als der Frieden, vom Krieg abzulassen. Aber dieser König war schon zu oft getäuscht worden: in seiner Antwortnote hielt er Napoleon exakt die Folge der Vertragsbrüche vor. Der Augenblick zu einem Angriffskrieg hätte nicht ungünstiger sein können. Ein von allen Großmächten isoliertes Preußen wollte einem starken, kriegserprobten und siegreichen Gegner allein entgegentreten. Im Schloß Charlottenburg verabschiedete sich am 20. September 1806 das Königspaar von seinen fünf Kindern – Friedrich Wilhelm hatte ausdrücklich verlangt, daß Luise ihn ins Feld begleite; in dieser Hinsicht war er rücksichtslos. Sie waren im Begriff, ins Naumburger Hauptquartier abzufahren, als sie im Hof des Schlosses auf die eben ankommende Friederike trafen, die mit ihren Kindern aus Ansbach geflüchtet war. «Der Schmerz, den ich empfand, als ich Dich sah, um Dich im gleichen Augenblick wieder zu verlieren, läßt sich nicht beschreiben», kritzelte ihr Luise am nächsten Morgen auf ein Blatt. «Warum hab' ich Dich nicht gesprochen, wärest Du doch die Nacht gekommen, Dein Bett war fertig.»

Ein seltsames Schauspiel bot sich dem Schriftsteller Friedrich von Gentz, der als Berichterstatter zur Truppe gestoßen war. In einer

Wolke von Staub zog in einem verschlossenen Wagen, dem zwanzig weitere folgten, umgeben von Truppen, Kanonen und Geschützen, die preußische Königin in den Krieg. Friedrich Wilhelm glaubte seine Frau in Sicherheit, wenn sie, von Kürassieren eskortiert, den marschierenden Truppen in einigem Abstand folgte.

So fuhr sie ahnungslos auf Auerstedt zu, ein Dorf in Thüringen, bei dem am nächsten Tag Zehntausende von Soldaten getötet werden. Es war der 13. Oktober 1806, der letzte Tag vor der entscheidenden Schlacht; Luise hat die Ereignisse selber tagebuchartig auf Zetteln festgehalten. «Um Gottes Willen, was tun Sie hier?» habe der Herzog von Braunschweig ihr zugerufen, als er sie in ihrem Wagen erkannte. «Sie können hier nicht bleiben!» Der König trat nahe an sie heran, «er drückte meine Hand zweimal und konnte kein Wort hervorbringen». Mitten unter aufziehenden Kanonen, Kavallerie- und Infanterieregimentern stieg sie aus und stand mit unglücklichem Gesicht auf der Landstraße, wechselte «mit zerrissenem Herzen» den Wagen und kehrte um, schlug die Route nach Weimar ein, die ihr der Herzog beschrieb. Es waren vier Damen, die die Franzosen fast gefangengenommen hätten – die Königin samt den Hofdamen Voß, Tauentzien und Viereck. Spät nachts noch von der Herzogin Luise von Sachsen-Weimar im Schloß aufgenommen, schrieb Luise ihrem Mann die Zeilen: «Gott stärke Dich und gebe Dir eine tüchtig gewonnene Schlacht … Ich darf Dich noch einmal bitten, nehme mehr Zutrauen zu Dir selber und führe das Ganze …»

Dazu fühlte Friedrich Wilhelm sich unfähig. Nicht er, sondern der alte, zweiundsiebzigjährige Herzog von Braunschweig, dem ein ebenfalls überaltertes Offizierscorps zur Seite stand, erhielt den Oberbefehl. Auf der gegnerischen Seite aber wurden die preußischen Angreifer von einem bisher unbesiegten sechsunddreißigjährigen Kaiser und seinen jungen Generälen erwartet.

Am Morgen des 14. Oktober 1806 wurde in einer blutigen Schlacht die einst berühmte preußische Armee vernichtend geschlagen. Napoleon siegte bei Jena, sein General Davout bei Auerstedt. Zwanzigtausend preußische und zwölftausend französische Soldaten starben auf den Schlachtfeldern, Napoleon machte achtzehntausend Gefangene.

Am gleichen Morgen des 14. Oktober 1806

verließ die noch ahnungslose Königin Weimar. General Rüchel hatte ihr die Route nach Berlin aufzeichnen wollen, aber seine Hand zitterte so, daß der Adjutant des gefallenen Prinzen Louis Ferdinand, Major von Kleist, ihr die einzelnen Stationen notieren mußte – das Blatt mit den Ortsnamen liegt bis heute zwischen ihren Papieren. Eine der Stationen war Göttingen, wo der Student Achim von Arnim die Königin sah – den Anblick hat er nie vergessen.

Bei miserablem Wetter war hinter Weimar ihr Wagen zusammengebrochen, in einer offenen Kalesche mußte sie weiterreisen. Als sie in Braunschweig eintrafen, kam ihnen der ganze Hof in tiefem Schwarz entgegen: man trauerte um den toten Prinzen Louis Ferdinand. Seine Leiche war ausgeplündert, nackt, nur von einem Tuch bedeckt, das die Stichwunde auf der Brust freigab, von französischen Soldaten in den Schloßhof von Saalfeld getragen worden. Der französische Militärarzt nahm sich die Zeit, «sein schönes Gesicht» und «die regelmäßige Form der Glieder» zu betrachten. Carl von Clausewitz schrieb an seine Braut, mit dem Prinzen von Preußen seien Ehre und Ruhm des preußischen Heeres dahin.

«Der gestrige Tag ist einer der unglücklichsten und traurigsten meines Lebens gewesen.» Mit diesen Worten beginnt der Bericht des Königs an seine Frau. Er war vom Schlachtfeld auf die Burg Eckartsberga und von dort nach Sömmerda geflohen, einen Flecken bei Naumburg, wo er nur durch Zufall den Franzosen entkam. Dort beschreibt er in merkwürdiger Kälte Luise den Hergang der Schlacht: wie die Divisionen von Schmettau, Oranien und Wartensleben stundenlang in das von Franzosen gehaltene Dorf Auerstedt hineinschossen, wankten und verbluteten, weil kein Nachschub kam – wie dem Herzog von Braunschweig, dem Oberbefehlshaber, durch einen Kartätschensplitter beide Augen weggerissen wurden und er ihn blind und blutüberströmt an einen Erdhügel gelehnt fand –, es war das Schauderhafteste, was er je sah.

Für ihn war die Entscheidung gefallen: Ordre zum Rückzug. Er verlor keinen Augenblick die Fassung, sein Mut – ihm war sein Pferd unter dem Leib verwundet worden – war unbestritten, doch eine Art von stoischem Gleichmut schien ihn zu befallen. «Die Zahl der Toten und Verwundeten ist sehr, sehr ansehnlich. Der Herzog so gut wie tot. Möllendorff Kontusionen an beiden Beinen und jetzt vermißt. Rüchel sehr schwer nahe am Herzen blessiert. Schmettau unterm linken Auge durchgeschossen. Heinrich [sein Bruder] ein Streifschuß, bis jetzt vermißt. Wilhelm [sein anderer Bruder] das Pferd erschossen, hierbei einen schweren Fall auf den Kopf getan. General Schimonsky tot. Major Schenk tot. General Quitzow den Fuß abgeschossen, andre sagen tot. Major Ebra und Krafft tot. Major Herwarth tot usw. usw. Also brav ist man denn doch im Ganzen, gottlob, gewesen. Allein *nicht* glücklich!»

Als die Königin Berlin erreichte, hatte sie noch keine Informationen über den Ausgang der Schlacht. «Der König lebt, die Schlacht ist verloren» war das erste, was sie erfuhr. Bei diesen Worten, berichtet die Gräfin Tauentzien, wirkte Luise wie vernichtet, sie geriet aber erst außer sich, als sie auf die Frage: «Wo ist der König?» vom Kurier die Antwort erhielt, man wisse es nicht. «Aber mein Gott, ist denn der König nicht bei der Armee?» – «Die Armee? Sie existiert nicht mehr.»

Die Nachricht von der zurückgekehrten Königin hatte sich wie ein Lauffeuer verbreitet, vor den erleuchteten Fenstern des Schlosses versammelten sich erwartungsvoll Tausende von Menschen. Die Nachricht von der Niederlage war ihr vorausgeeilt. Graf von der Schulenburg, der stellvertretende Gouverneur von Berlin, ließ proklamieren: «DER KÖNIG HAT EINE BATAILLE VERLOREN. JETZT IST RUHE DIE ERSTE BÜRGERPFLICHT. ICH FORDERE DIE EINWOHNER BERLINS DAZU AUF. DER KÖNIG UND SEINE BRÜDER LEBEN!» Die Bevölkerung war ratlos, der Anblick der Königin wäre ermutigend, ihr persönliches Erscheinen ein beruhigendes Zeichen gewesen. Aber sie erschien nicht.

«Man konnte beim Laternenschein diese übelgestimmten Leute unterscheiden», schreibt Luise Radziwill, die mit Marianne von Preußen und Wilhelmine von Oranien in einer Fensternische des Palais stand. «Die Königin war ganz von anderen Gedanken eingenommen...» Luise war unfähig, sich zu zeigen – «sie sei in Tränen, doch bitte sie um Ruhe». Mit dem König an ihrer Seite war sie stark; ohne ihn der Menschenmenge gegenüber hilflos. Auch ihre Kinder fand sie nicht vor: sie waren nach Schwedt in Sicherheit gebracht worden. Wo aber war Friedrich Wilhelm? Wie sollte es weitergehen? Trotz aller Nervosität und Angst schrieb sie ihm noch, nicht zu verzweifeln: die Ursache des Unglücks, so sage man in Berlin, sei der unfähige Herzog von Braunschweig. «Du hast noch Truppen, das Volk verehrt Dich und ist bereit, alles zu tun ...» Ihre Worte waren klug gewählt, aber sie selber einer Ohnmacht nahe.

Vergeblich wurde der König in Berlin erwartet – er sträubte sich, die Armee zu verlassen, ließ sich zwar schließlich umstimmen, ging aber nicht in das unbefestigte Berlin, wo er ungeschützt gewesen wäre, sondern über Rathenow, Nauen und Bernau in die Festung Küstrin, von dort aus schickte er eine Staffette an Luise, unverzüglich zu ihm zu kommen. Am Morgen des 18. Oktober um sechs Uhr ließ die Königin, ein Bild des Jammers, Hufeland rufen. Sie ahnte, was ihnen bevorstand, und verlor die Nerven: in Kürze würden die Franzosen die Hauptstadt besetzen. Der Arzt «fand sie mit verweinten Augen, aufgelösten Haaren, in voller Verzweiflung. Sie kam mir mit den Worten entgegen: ‹Alles ist verloren. Ich muß fliehen mit meinen Kindern, und Sie müssen uns begleiten.›» In Eile packte er das Nötigste zusammen, schloß sein Arbeitszimmer ab und folgte ihr. Er wird sie während der ganzen Exiljahre betreuen: Ruhr, Typhus, Nervenfieber, Brustkrämpfe zu lindern suchen, ihr und der Schwägerin Marianne bei den Geburten beistehen. Hufelands eigene Ehe zerbricht über seiner langen Abwesenheit.

«Ich reise sofort nach Küstrin ab», antwortete Luise dem König, «und werde immer, immer weiter reisen, bis ich Dich gefunden habe.» In Schwedt an der Oder schloß sie die Kinder in die Arme, reiste dann alleine weiter und gewann ihre Ruhe und Energie zurück. In der klaren Erkenntnis, daß ihnen der Untergang bevorstehe, versuchte sie den König noch einmal zu motivieren. «12000 Bürger wollen sich bewaffnen ... Die Nachricht der unglücklichen Bataille, statt sie niederzuschlagen, hat sie nur noch mehr erbittert gegen den Feind ... Es ist unbeschreiblich, wie sie Dich lieben ... alles steht auf, Dich zu schützen! Benutze die Gelegenheit ... Nur um Gotteswillen keinen schändlichen Frieden. Der Augenblick ist kostbar, handle, wirke, schaffe, überall wirst Du im Lande guten Willen und Unterstützung finden. Ebenso ist die Stimmung hier in Stettin.»

«Handle, wirke, schaffe» – eindringlicher, psychologisch geschickter konnte sie kaum schreiben. Andererseits beging sie in ihrem Übereifer auch Fehler. Sie ließ den Kabinettssekretär Lombard, den sie für einen Verräter hielt, in Schutzhaft nehmen und mußte sich später dafür entschuldigen. Als sie während der Flucht dem ebenfalls fliehenden Minister Graf Hardenberg begegnete, befahl sie ihm ein Treffen mit dem König, was sich als unnütz und peinlich herausstellte.

Die Bevölkerung Berlins sah sich im Stich gelassen. Das Königspaar, der Hofstaat, alle Familien mit Rang und Geld – außer Ferdinand, dem Bruder Friedrichs des Großen – verließen die Stadt auf hochgepackten Wagen, sogar Schulenburg, der Gouverneur, übergab sein Amt dem Schwiegersohn, Fürst Hatzfeld, und floh, ohne das im Zeughaus gelagerte Kriegsmaterial mitzunehmen – alle Kanonen und 40000 Gewehre fielen in die Hände der Franzosen. Auch die schon verpackten Kunstschätze fand Napoleon vor, der Gemälde und Skulpturen für den Louvre, den Säbel des Großen Friedrich, die Quadriga vom Brandenburger Tor abtransportieren ließ. «Was Du in Berlin, Potsdam, Sanssouci von Kunstwerken nicht schon gesehen hast, wirst Du künftig in Paris sehen», schrieb der Staatsminister von Staegemann seiner Frau. Der einzige, der Verantwortung zeigte, war der Freiherr vom Stein. «In den mir anvertrauten Kassen waren sehr hohe Geldvorräte» – er ließ alles, auch die Schätze der Porzellanmanufaktur, einpacken und auf Wagen und Schiffen in die alte preußische Residenz bringen, nach Königsberg.

Napoleon bezog am 24. Oktober, zehn Tage nach dem Sieg, das Potsdamer Schloß. Er besichtigte ehrfurchtsvoll Sanssouci, drei Tage später hielt er unter Glockengeläut und Geschützdonner Einzug durch das Brandenburger Tor in die eroberte Stadt und residierte im Berliner Schloß. Sein Adjutant Berthier schlief im Bett der Königin, die über diese Demütigung in Tränen ausbrach. Im Charlottenburger Schreibtisch fand man Luises Briefwechsel mit Zar Alexander von Rußland; für Napoleon Anlaß genug, um die Königin öffentlich zu verspotten. In dreiundzwanzig Bulletins startete der *Moniteur*, der in ganz Europa gelesen wurde, eine Diffamierungskampagne gegen die preußische Königin, die als «kriegslüsterne Amazone» («Sie wollte Blut!») beschimpft wurde. Da man das Bildnis des Zaren in ihrem Schlafzimmer fand, wurde eine «parfümierte Liaison» konstruiert und Luise mit Emma Hamilton verglichen, der wegen ihres Lebenswandels berüchtigten Geliebten von Lord Nelson. «Die Königin ist sehr gebeugt», notiert die Gräfin Voß. «Alle Infamien, die Napoleon gegen sie drucken läßt, sind empörend, dazu kommt noch die Angst um das Kind. Ihr heutiger Brief an die Prinzessin Solms ist herzzerreißend.»

In Küstrin sah das Königspaar sich wieder; die Begegnung fiel traurig aus. Friedrich Wilhelm war in schlechter Stimmung: er wußte jetzt, daß 44000 Preußen einem zahlenmäßig schwächeren Heer von 33000 Franzosen unterlegen waren. Man beobachtete, wie die Königin mit gesenktem Kopf neben ihrem Mann auf den Festungswällen einherging, ohne einen Blick für die Umgebung. So hatte man sie noch nie gesehen.

Im Tagebuch der Oberhofmeisterin, die sich mit den Kindern auf dem Weg nach Königsberg befand, heißt es: 27. Oktober. «Im übrigen bin ich fest überzeugt, daß Alles für uns verloren ist.» 29. Oktober. «Napoleon ist in Berlin. Gott wolle sich unserer annehmen und die Erde von diesem Elenden befreien, der die Geißel der Menschheit ist. Der Krieg ist sein Handwerk, er versteht ihn und wir nicht. Auch er wird eines Tages untergehen, aber vielleicht zu spät für uns, zu spät für unser geliebtes Deutschland.» – 30. Oktober. «Die Unentschlossenheit, die Verblendung und die Unfähigkeit ... das ist unser größtes Unglück ... Scheint es nicht, als wäre die Monarchie auf dem Punkt, in diesem Sturm des Unglücks in Trümmer zu gehen, wenn nicht ein Wunder uns rettet?»

«Nur Ausdauer und Widerstand können uns retten»

Die Unterredung von Luise und Napoleon. 1807

Der Fluchtweg des Paares nach Osten ist mit Hiobsbotschaften geradezu gepflastert. Fürst Hohenlohe hat sich mit den Resten der Hauptarmee bei Prenzlau ergeben. Stark befestigte, gut versorgte preußische Festungen – Magdeburg, Spandau, Stettin – fallen den Franzosen nahezu kampflos in die Hände, zuletzt Küstrin, das der König kurz zuvor verließ und dessen Kommandeur, Oberst von Ingersleben, nach dem Krieg wegen Feigheit erschossen wird.

Aus Königsberg, wohin die Kinder vorausgeschickt wurden, sandte Hufeland die Nachricht, daß Typhus ausgebrochen ist. Der kleine Karl wurde zuerst davon betroffen, dann erkrankte die dreijährige Alexandrine. Anstatt zu den Kindern mußten Friedrich Wilhelm und Luise vor den nachdrängenden Franzosen weiter nach Osten ausweichen, nach Osterode. Dort überreichte Marschall Duroc dem König

Waffenstillstandsbedingungen, die an Unverschämtheit grenzten und unannehmbar waren: Bruch Preußens mit Rußland, Anschluß an den Rheinbund, Zahlung von 100 Millionen Francs Entschädigung! Diesmal war es Friedrich Wilhelm, der sich im Gegensatz zu seinen Beratern für eine Fortsetzung des Krieges entschied. «Nur um Gottes willen keinen schändlichen Frieden!» hatte ihm die Königin geschrieben. «Nur Ausdauer und Widerstand können uns retten!»

Die Sympathie der Bevölkerung war auf Luises Seite. Die Berliner waren durchaus kritikbereit und schnell dabei, Fehler und Schwächen anzukreiden. Aber die Standhaftigkeit dieser Königin wirkte ermutigend, ihr Patriotismus begeisternd. Im Grunde war ihre außerordentliche Popularität unerklärlich und allenfalls durch ihre persönliche Wirkung zu begreifen. Denn ihr politischer Aktionsradius war begrenzt, sie besaß keine herausragenden intellektuellen Fähigkeiten wie andere Fürstinnen, unterhielt keine Korrespondenz mit den bedeutenden Köpfen ihrer Zeit, zog keinen Goethe an ihren Hof, und die Werbung um Schiller verlief im Sande. Dennoch war sie als einzige unter den preußischen Königinnen wirklich volkstümlich und wurde von den Dichtern ihrer Zeit, von Kleist und Körner, Fouqué und Goethe, Schenkendorf und Rückert, als Stern und Leitbild schon zu Lebzeiten besungen. Seit Jahrhunderten waren es Männer, denen man Denkmäler setzte – jetzt war es eine Frau, von der Humboldt respektvoll sagte, sie besitze «wirkliche Größe». Man bewunderte ihre Fähigkeit, sich dem Ganzen zu fügen, ohne ihre Unabhängigkeit aufzugeben – sie war nachgiebig und blieb dennoch souverän. In ihrem Namen stiftete der König den Luisenorden zur Ehrung verdienstvoller Frauen.

Die Flucht vor den Franzosen ging weiter, das Paar nahm Quartier in einem grauenvollen Flecken namens Ortelsburg, in dem es nur verdorbenes Wasser und so gut wie keine Nahrungsmittel gab. Dort hauste, wie der englische Gesandtschaftssekretär Jackson sich ausdrückt, der König mit seiner Königin in einem Gebäude, das ihm wie eine Scheune vorkam. Wenn das gemeinsame Zimmer zum Frühstück benutzt werden sollte, ging der König so lange spazieren, bis der Raum hergerichtet war.

«Bei übermäßig schlechter Laune», so Jackson, zog Friedrich Wilhelm ein Resumée aus der verlorenen Schlacht. Im eigenhändigen «Publikandum von Ortelsburg» rechnete er voller Zorn ab mit der veralteten Kriegsführung und entwarf eine strenge Reorganisation des Heerwesens. In völliger Einsamkeit, ohne Anwesenheit Scharnhorsts oder eines anderen Beraters, verfaßte er die Grundstruktur einer Militärreform, nach der fortan jeder Bürger, «der Gemeine so gut wie der Fürst», Offizier werden konnte: damit beschritt der König zumindest in der Heeresverfassung den Weg vom Obrigkeitsstaat zum Bürgerstaat. Die Niederschrift, durch Scharnhorst in die Praxis umgesetzt, bewirkte die Wende im Schicksal der preußischen Armee.

Ein Tag war jetzt schlimmer als der andere. Luise, die mit jeder Stafette angstvoll Nachrichten über die Kinder erwartete, hat damals, am 5. Dezember 1806, die Verse aus Goethes *Wilhelm Meister* in ihr Tagebuch notiert: «Wer nie sein Brot mit Tränen aß …» An ihren Vater schrieb sie von einer «Prüfungszeit» und ihrem festen Glauben an die Gerechtigkeit Gottes. Die tiefe Religiosität, die sie von Jugend an begleitet hatte, wurde jetzt zur Stütze ihres seelischen Gleichgewichts. Erst als alles verloren war, als Napoleon immer maßlosere Forderungen diktierte und Alexander sein Versprechen brach, begann Luise zu resignieren. («Mein Zutrauen soll nicht wanken, aber hoffen kann ich nicht mehr ... Wer so wie ich von seinem Himmel heruntergestürzt ist, kann nicht mehr hoffen.»)

Am 10. Dezember 1806 erreichten sie Königsberg. Kaum angekommen, überfiel der Typhus Luise. Sie bekam so hohes Fieber, daß Hufeland um ihr Leben fürchtete. Noch Jahre später erinnert er sich mit Schrecken der durchwachten Nächte, in denen draußen «ein so fürchterlicher Sturm wüthete, daß er einen Giebel des alten Schlosses herabriß ...» Weihnachten 1806 trat Besserung ein, und der König, der an Siegesbotschaften der Russen glaubte, gab ein Essen für die inzwischen nach Königsberg geflüchtete «Großfamilie», zu denen Friederike und Prinz Solms, Fürst Anton und Luise Radziwill mit ihrer jeweiligen Kinderschar, Prinz Wilhelm und Prinzessin Marianne von Preußen gehörten. Doch nicht die Russen unter General Bennigsen haben gesiegt, sondern die Franzosen, die jetzt in Richtung Königsberg marschieren.

Wieder mußte man fliehen. Luise Radziwill sah, wie die kranke Königin bei heftigem Schneegestöber vom Tragsessel in die Kutsche gehoben wurde, um bei arktischen Kältegraden über die Kurische Nehrung transportiert zu werden. Die Überfahrt wurde qualvoll, man hauste «in elendesten Nachtquartieren», wie Hufeland sagt, «in einer Stube, wo die Fenster zerbrochen waren und der Schnee ihr auf das Bett geweht wurde ... und dennoch behielt sie ihren Mut, ihr himmlisches Vertrauen auf Gott aufrecht, und er belebte uns alle». Der ebenfalls kranke, fünfjährige Karl reiste in einem Korb, die älteren Söhne fuhren mit ihren Erziehern. Selbst während der Flucht führte die Gräfin Voß ihr Tagebuch, mit unterschiedlichen Federkielen und fast unleserlicher Handschrift. «Nidden, den 8. Januar 1807: Ich hatte auf der Erde geschlafen, da kein Bett zu haben war.» Die kranke Königin wurde von einem Bediensteten auf den Armen getragen, «was mir weh that, mit anzusehen. Wir legten sie auf ein Sopha. Sie wohnte in denselben Stuben, in denen sie vor fünf Jahren wohnte. Ach! welch Unterschied zu damals, als der Zar hier war und wir so heitere Tage verlebten! Die königlichen Kinder aßen mit uns und machten einen ganz furchtbaren Lärm. Niemand sagte ihnen etwas.»

Für Friedrich Wilhelm war es der Tiefpunkt seiner Existenz, tiefer konnte ein Monarch nicht mehr gedemütigt werden, als er, der jetzt vor dem Feind in den letzten nordöstlichen Winkel seines Landes, nach Memel, floh.

Zar Alexander von Rußland ließ wissen, daß er sich persönlich zu seinen Truppen begeben wolle, die in der blutigen Schlacht von Preußisch-Eylau immerhin einen Teilsieg errungen hatten. Er traf am 2. April 1807 in Memel ein, dem Ort ihres Kennenlernens – Friedrich Wilhelm fuhr ihm entgegen wie damals, stieg aus der Kutsche und umarmte ihn, Luise konnte ihn vor Erregung kaum begrüßen. «Nein, es läßt sich nicht wiedergeben, was ich empfand, und er selbst war so bewegt, so traurig und doch so groß, so nobel …», schrieb sie Therese. «Du wirst nicht mehr zweifeln, wenn ich von seiner Vollkommenheit spreche …» Delbrück, der Erzieher des elfjährigen Kronprinzen, erlebte, wie der Zar alle Herzen mehr denn je bezauberte – «besonders eines, so daß er Eifersucht erweckt habe». Dem König gefiel es nicht, daß Luise nur Augen für Alexander hatte und acht Tage lang nicht von seiner Seite wich.

Immerhin erreichte sie, daß mit Alexanders Zuspruch der von ihr begünstigte Hardenberg zum Kabinettsminister und Leiter der auswärtigen Politik ernannt wurde. Während der König mit dem Zaren nach Bartenstein ging, machte Luise eine der gefährlichsten Reisen ihres Lebens, bei Überschwemmung zurück nach Königsberg. «Ich bin hier, weil Gott es gewollt hat, denn eigentlich hätte ich unterwegs umkommen müssen», schrieb sie der Gräfin Voß. «Ich bin mit Lebensgefahr durch ausgetretene Flüsse gefahren, und mein Wagen ist mitten auf der Landstraße im Schmutz steckengeblieben, zwei Pferde sind im Kot verschwunden ... Mehr tot als lebendig bin ich hier in drei Tagen angekommen ...» Sie blieb dann nicht im kalten Königsberger Schloß, sondern zog ins Haus des Grafen Schlieben, weil dort Friederike wohnte, die am 12. März 1807 einen gesunden Sohn geboren hatte, aber unter ihrem Ehemann litt, dem verrückten Prinzen Solms, der «dick, fett und rot», in Wahrheit aber «krank im Kopf» sei.

Zusammen mit Friederike ließ sich das Leben leichter ertragen. So war es schon in Berlin. Die Schwestern schliefen wie als Kinder gemeinsam in einem Zimmer, unterhielten sich die halbe Nacht hindurch und trösteten sich gegenseitig «besser als alle Bücher der Welt». Die Voß war in Memel, der König in Kydullen, sie genossen die Freiheit, Menschen aller Art und Herkunft um sich zu scharen. Ein junger englischer Oberleutnant, Robert Wilson, erbitterter Feind Napoleons, machte Luise den Hof, brachte ihr Lektüre und erbat sich als Gegengabe ihr Miniaturbildnis, um es an der Brust zu tragen – solange Friederike bei ihr war, genehmigte sich die Königin diesen Flirt.

Sie hatte allerdings ein schlechtes Gewissen, nicht wegen dieser Unbedachtheit, sondern wegen ihrer Neigung zu Alexander. Der König war nicht blind – und er war unzufrieden. Zu ihrer Verteidigung rief sie ihr «unveränderliches Herz» und sogar die Kinder auf: «... wenn sie gut werden und sagen: Wir haben das von Papa und Mama gelernt, so ist das alles Glück, das wir wünschen können ... Leb wohl, lieber Freund, habe mich immer lieb und glaube an meine unerschütterliche Liebe. Luise.»

Aber an Alexander hatte sie ebenfalls geschrieben, und zwar genau einen Tag zuvor, am 14. Mai 1807. Der Brief war angesichts der Gerüchte, die über ihr Verhältnis in Umlauf waren, nicht gerade diskret. «Sie haben mir glückliche Augenblicke verschafft», schreibt sie selig. «In Ihnen verwirklicht sich eine Vollkommenheit, die man als schönes Wunschbild zweifellos immer sehr geliebt hat, man hat die Seele damit erfüllt, aber niemals geglaubt, es je verwirklicht zu sehen. Man muß Sie kennen, um an Vollkommenheit zu glauben …» Es sei schwer für sie, «vernünftig zu bleiben» – ein Geständnis, das nicht ungefährlich war. «Aber ist das auch ein Verhängnis? Nein, es ist ein Glück; denn ein wirklich sensibles Herz fühlt sich beschwingt (animé) durch den schönen Eifer, ein solches Beispiel zu befolgen, und ich kann in Wahrheit sagen, daß Sie, teurer, sehr geliebter Vetter, einen glücklichen Einfluß auf mein Dasein ausgeübt haben.» Dem Brief fügt sie ein Geschenk bei: ein Kästchen mit den ersten reifen Kirschen.

Nichts ging nach Wunsch. Der preußische König hatte erklärt, lieber weiterkämpfen zu wollen, als einen beschämenden Frieden zu schließen – nun eilte Napoleon von Sieg zu Sieg.

Im Juni 1807 kam die Nachricht, daß der russische General von Bennigsen sich zum zweitenmal die Gelegenheit entgehen ließ, den Feind nach einer unentschiedenen Schlacht zu verfolgen, den Sieg Napoleon überließ und das Gebiet zur Plünderung freigab. Die Königin hatte seit langem gegen Bennigsen opponiert. «Er haßt Preußen und will es zerstören, soweit das in seiner Macht steht», rief sie ihrem Mann zu. «Wird er denn bei der Armee bleiben? Wird der Zar ihn nicht erschießen oder wenigstens mit der Knute züchtigen lassen wegen der Dinge, die er zu sagen wagt? ... Ich könnte ihn schlagen und seinen Freund bespucken, der spielt in alledem eine unbegreifliche Rolle ...» Luises Briefe veranschaulichen, wieviel Rebellion sich auch unter ihrem sanften Wesen verbarg.

Am 14. Juni 1807 wurden die russisch-preußischen Truppen bei Friedland vernichtend geschlagen – es war die letzte entscheidende Niederlage. Unmittelbar danach begab sich Napoleon an Rußlands Grenze, um dem Zaren in Tilsit ein Abkommen zu unterbreiten – auf Kosten

Preußens. Ohne zu ahnen, daß ihr selber eine Begegnung mit Bonaparte unmittelbar bevorsteht, bedauerte Luise ihren Mann, der ihm nun gegenübertreten mußte – «Nein, das ist zuviel! Ihn sehen, den Quell des Bösen! die Geißel der Erde! alles Gemeine und Niederträchtige in einer Person! und sich noch vor ihr verstellen, heiter und liebenswürdig erscheinen müssen!!! ...»

Napoleon hatte die Verhandlungen mit dem russischen Kaiser aufgenommen. Wie würde Alexander ihm begegnen? Sie waren überzeugt, daß der Freund ihre Interessen nicht verraten würde. Doch das Unerwartete geschah – am 21. Juni 1807 unterschrieb dieser den von Frankreich aufgesetzten Vertrag, der den Bruch aller seiner Zusagen an Preußen darstellte! Im Tagebuch der Voß liest man: «Der König läßt Alles über sich ergehen in völliger Entmuthigung», aber für Luise, die das Freundschaftsverhältnis mit anderen Augen sah, brach eine Welt zusammen – «die arme Königin weinte lange».

Um in Tilsit mit beiden Herrschern weder auf russischem noch auf preußischem Territorium zu verhandeln, benutzte Napoleon eine List. Mitten in der Memel ließ er ein stattliches Floß bauen und mit einem ebenso bequemen wie dekorativ ausgestatteten Holzhaus versehen. Ruderboote von beiden Ufern der Memel brachten die beiden Kaiser hinüber, während der ungebetene Friedrich Wilhelm bei strömendem Regen am Ufer auf und ab lief. Der Bericht über seine unverschämte Behandlung machte die Königin fast krank. Ihre Briefe nehmen einen neuen Ton an, zornig entschlossen oder bitter sarkastisch. «Es gibt kein grausameres Los als unseres. Deine persönlichen Leiden drücken mich nieder ...» – «Wie sollte wohl dieses höllische Wesen, das sich aus dem Kot emporgeschwungen hat, wissen, was Königen zukommt?» – «Nichts, was ich je gesehen habe, gleicht diesem würdelosen, niederträchtigen Mörder.» Sie sieht voraus, daß Bonaparte die Entlassung des Ministers Hardenberg verlangt und beschwört den König in einem Hagel von Verhaltensmaßregeln, unnachgiebig zu bleiben – vergeblich. Hardenbergs Entlassung – so wie im Jahr darauf die des Ministers vom Stein – wurde befohlen.

Wie ein Schuljunge mußte sich Friedrich Wilhelm behandeln lassen. Als er am 26. Juni 1807 zum erstenmal zu einer Verhandlung zugelassen wurde, überschüttete ihn Napoleon mit wütenden Vorhaltungen über die preußische Politik. Der König legte eine nie gesehene Sturheit an den Tag, weigerte sich sogar, am selben Ort zu wohnen wie Bonaparte und verlagerte sein Hauptquartier in das Städtchen Piktupöhnen. Die Bedingungen des auszuhandelnden Friedensvertrages wurden ihm vorenthalten. Sein undiplomatisches Verhalten war unbegreiflich: immerhin ging es um den Weiterbestand Preußens und um seine eigene Existenz!

Die Verhandlungen blieben in einer Sackgasse stecken. Wenn etwas die angespannte Situation entkrampfen und eine günstige Wendung für Preußen herbeiführen könne, dann ein Gespräch der Königin Luise mit dem französischen Kaiser, erklärte Generalfeldmarschall Graf Kalckreuth der Delegation. Friedrich Wilhelm selbst unterstützte die Idee – Luise konnte es kaum fassen. Da verhandelten «drei gekrönte Häupter» so erfolglos, daß nun *sie* dem «Ungeheuer» (monstre) persönlich gegenübertreten sollte! Rätselhaft war, daß ihr eigener Mann diesen Schritt guthieß. «Dein

Brief mit der Einlage von Kalckreuth traf gestern spät am Abend bei mir ein. Sein Inhalt hat so gewirkt, wie Du es vorausgesehen hast ...» Sie verstand es nicht und sagte niedergeschlagen zu General Rüchel, wenn der König auf ihre Hilfe baue, dann komme sie und «leere den Becher mit der Würde, die der *Preußen* Königin zukömmt».

Einunddreißig Jahre alt und mit ihrem neunten Kind schwanger, reiste die Königin mit einem Kammerherrn und den Gräfinnen Voß und Tauentzien am 4. Juli 1807 in zehnstündiger Fahrt nach Piktupöhnen. Am nächsten Tag begrüßte sie Zar Alexander, der auf sie zählte – «Die Dinge stehen schlecht ...» Hoffte man auf die Wirkung einer schönen Frau, auf einen weiblichen Ton in der verkrusteten Männerwelt? Baute man auf die Argumente einer Landesmutter in Gestalt einer intelligenten Gesprächspartnerin? Hardenberg, der von dem Projekt wenig hielt, bereitete die Königin auf die Unterredung vor – ihre bei Napoleon erwähnten politischen Vorschläge stammten von ihm.

Zwei Tage später wurde die Königin, von der Garde du Corps eskortiert, nach Tilsit geleitet. Immerhin bequemte sich Napoleon, zu ihr zu kommen und nicht umgekehrt. Nachmittags um vier Uhr stieg der Kaiser der Franzosen die schmale Holztreppe zu ihrem Zimmer empor. Beim ersten Anblick schon bemerkte Luise überrascht, daß dieser Mann keineswegs so «gemein» aussah, wie Friedrich Wilhelm behauptet hatte, sondern eindrucksvoll und bedeutend, einem römischen Cäsarenkopf ähnlich. «Beim Lächeln hat er um den Mund einen Zug von Güte. Überhaupt kann er sehr liebenswürdig sein ...» Die Gräfin Voß, die ihn am Fuß der Treppe empfing, war anderer Meinung. «Er ist auffallend häßlich, ein dickes, aufgedunsenes braunes Gesicht, dabei ist er korpulent, klein und ganz ohne Figur, seine großen runden Augen rollen unheimlich umher, der Ausdruck seiner Züge ist Härte, er sieht aus wie die Inkarnation des Erfolges. Nur der Mund ist schön geschnitten, und auch die Zähne sind schön.» Er hätte «angenehm» ausgesehen, fand die ebenfalls anwesende Gräfin Tauentzien, «wäre seine totenähnliche Färbung nicht gewesen».

Das zeitgenössische Gemälde zeigt die Zusammenkunft Napoleons mit dem preußischen Königspaar (rechts) und Zar Alexander von Rußland (Mitte) im Juni 1807 in Tilsit.

Luise war weiß gekleidet, in einer Robe aus silberbesticktem Crêpe, mit weißem Schal, Perlen und einem Diadem im Haar. «Sie war in der ängstlichsten Spannung, aber trotz aller Gemütsbewegungen erinnere ich mich kaum, sie schöner gesehen zu haben», berichtet Lysinka Tauentzien. Napoleon muß von ihrer Erscheinung überrascht gewesen sein, er schrieb an seine Frau Joséphine: «Die Königin von Preußen ist in der Tat entzückend, zu mir ist sie voller Koketterie. Aber sei ja nicht eifersüchtig, ich bin eine Wachsleinwand, an der alles nur abgleitet. Es würde mich teuer zu stehen kommen, den Galanten zu spielen.»

Kaiser und Königin tauschten zunächst die nötigen Komplimente aus, dann begann Luise die Unterhaltung mit einem Appell an seine Großmut: «Sie sind der Sieger, aber soll ich annehmen, daß Sie Ihren Sieg mißbrauchen?» Sie erklärte, in der großen Politik nicht mitmischen und nur als Gattin und Mutter sprechen zu wollen. Sie teile die Besorgnis des Königs, und das Schicksal ihrer Kinder läge ihr mehr als alles andere am Herzen. «Aber Majestät glauben doch nicht etwa, daß von der Vernichtung Preußens die Rede ist? Würden Sie erfreut sein, nach Berlin zurückkehren zu können?» fragte Napoleon. «Ja, Sire, aber nicht unter *jeder* Bedingung. Der Friede, den man uns in Aussicht stellt, kann die Vernichtung für die Zukunft vorbereiten …»

Hier wollte Napoleon plötzlich in ein Geplänkel über ihre Eleganz ausweichen, fragte, wo der Crêpe ihrer Robe gemacht sei, in Preußen? In Breslau? Offenbar wollte er in männlicher Überlegenheit das Kleid zum Vorwand nehmen, um ihrer Weiblichkeit zu schmeicheln und dem Gespräch jenen amourösen Beigeschmack zu geben, den er auch bei seinem Bericht an Joséphine hervorhob. Luise ließ sich nicht aus dem Konzept bringen, erwiderte höflich, das Kleid sei aus Berlin, doch sei es kaum angebracht, jetzt über derartige Nebensächlichkeiten zu sprechen. Napoleon hat sich später über die Gewandtheit, mit der sie die Unterhaltung «nach Belieben» lenkte, anerkennend geäußert. Auf seine Frage, wie es Preußen habe wagen können, sich mit Frankreich zu messen, antwortete Luise: «Sire, der Ruhm Friedrichs des Großen hat uns über unsere Mittel getäuscht.» Sie wisse, daß Opfer gebracht werden müssen, «aber wenigstens trenne man von Preußen nicht Provinzen, die ihm seit Jahrhunderten gehören», er möge dem König wenigstens Magdeburg lassen; er versprach, es sich zu überlegen. In diesem Moment platzte Friedrich Wilhelm in die Unterhaltung, die kaum eine Stunde gedauert hatte. Sonst der Ruhige, packte ihn diesmal die Ungeduld, jedenfalls habe er durch sein Dazwischentreten im denkbar ungünstigen Augenblick – behauptete Napoleon – Zugeständnisse verhindert, die er gerade habe machen wollen.

Lysinka Tauentzien traf Luise in glücklichster Stimmung an, strahlend über Äußerungen, die sie als positive Zusagen nahm. «Kommen Sie», rief die Königin, «ich muß Ihnen erzählen …» Beim anschließenden Diner saß sie zwischen Bonaparte und Alexander und bestritt die Unterhaltung, da ihr Mann hauptsächlich schwieg. Die Fürstin Radziwill kritisierte, daß die Königin diesmal politisch brisante Themen angeschnitten und sich zu weit vorgewagt habe. Nach Tisch bemerkte Napoleon zu Alexander: «Die Königin von Preußen ist eine reizende Frau, ihre Seele entspricht ihrer Gestalt: auf Ehre, anstatt ihr eine Krone zu nehmen, möchte man versucht sein, ihr eine zu Füßen zu legen», eine Bemerkung, die von

General Rüchel aufgefangen und weitergegeben wurde.

Alles, was das Königspaar erhofft hatte, war jedoch schon hinfällig, als man am folgenden Abend zum letzten Souper fuhr. Luise saß tränenüberströmt im Wagen, ein Billet des Königs in der Hand mit der Nachricht, daß Napoleon, zu keiner Konzession bereit, seine ursprünglichen Bedingungen an Härte noch überbiete. Er habe «nur höfliche Redensarten» mit ihr getauscht, erklärte Bonaparte dem König. Zwischen beiden war es nach der Darstellung von Luise Radziwill noch vor dem Souper zu einem Streit gekommen, bei dem Napoleon vor Wut bleich, ja «gelb vor Zorn» schwor, Preußen zu demütigen, während der König, «ganz rot» im Gesicht, ihm entgegenschrie, daß die Bedingungen «erniedrigend» seien.

Die Unterredung zwischen Luise und Napoleon – vom schwedischen Gesandten Carl Gustav Brinckmann aufgezeichnet – wurde von den Zeitgenossen unterschiedlich bewertet. Unbegreiflich fanden es die Grafen Schwerin, daß man die Königin, belastet mit dem Spott Napoleons, als seine Verhandlungspartnerin auftreten ließ, zumal sie keine «Meisterin der Rede» war. Eine andere Sicht findet sich im Tagebuch der Gräfin Sophie Schwerin: der schüchterne König habe seine Frau schon immer vorgeschoben, da sie sich hervorragend auszudrücken verstand und man sich dazu «den Ton ihrer Stimme, ihren Blick, ihre Haltung» vorstellen müsse, die bewirkten, daß der französische Kaiser sich nur noch mit Hochachtung über sie geäußert habe. Vierzehn Tage nach der Unterredung sprach Napoleon mit dem bayrischen Gesandten über die preußische Königin. «Sie ist eine Frau von Geist und Haltung – ihrem Gemahl ist sie weit überlegen und wird ihn schwerlich lieben. Der Kaiser Alexander hat sie im Jahre 1805 ins Unglück gestürzt – der hat ein liebenswürdiges und angenehmes Wesen und ist ein Romanheld. Es besteht kein Zweifel, wem von beiden man den Vorzug geben muß.»

Erreicht hatte Luise nichts. Der König verlor die Hälfte seines Landes, behielt nur die Provinzen Pommern, Schlesien, ein Stück Westpreußen und Alt-Ostpreußen, während die beiden Kaiser, zwischen denen die Königin beim Essen saß, den Rest unter sich aufteilen; alle polnischen Erwerbungen fallen an Rußland. Zu seiner Demütigung wird dem König noch bedeutet, daß er es ausschließlich Alexander verdanke, wenn er überhaupt seinen Thron behält, der Jérôme zugedacht war. Preußen bleibt so lange besetzt, bis die Kriegskontributionen, deren Höhe noch nicht feststeht, bezahlt sind. Der «Tilsiter Friede» bezeichnet einen Tiefpunkt in der preußischen Geschichte.

Memel, am 9. August 1807. «Genug, bester Georg, in der Nähe Zeuge dessen zu sein, was ich erlebte, da gehört Riesenkraft zu, es auszuhalten, und dennoch reicht sie nicht. Eine Zusammenkunft dreier gekrönter Häupter! Kann man sich denken, daß diese ohne Folgen sein kann, die nicht von Größe und Milde zeugen? ... Statt dessen finde ich, als ich nach Tilsit kam, einen *Götzen,* der angebetet wird (und dieser Götze ist von einem noch unbekannten, ungenannten Metall), der die anderen beiden Gekrönten geradezu mit *Füßen* tritt ...» Luise schilderte ihrem Bruder erregt die Verderbtheit und Infamie Napoleons, die Schwäche Alexanders, der sich mit preußischen Gebieten belohnen ließ, den unglücklichen Zustand des Königs – «Nein, was dieser Mann gelitten, beschreibt sich nicht. Vierzehn Tage in die Folter *gespannt,* um sich die *ärgsten* Sachen sagen zu lassen, wenn er alles aufbot aus reiner Vaterlandsliebe, um seine *ältesten* Provinzen wenigstens aus Teufelsklauen zu reißen …»

Ihr vergebliches Gespräch mit Napoleon erschien Luise doppelt demütigend, weil sie als Frau und als Königin versagt hatte. Sie sei «körperlich und geistig» am Ende, schrieb sie Georg damals. Der «Bittgang» hatte trotzdem eine ungeahnte Langzeitwirkung. Er erreichte die nie dagewesene und nicht wiederholte Popularität einer Frau, die durch ihren bereitwilligen Einsatz zur Verkörperung der patriotischen Bewegung wurde. Daß sie nichts erreichte, verlieh ihrer Gestalt einen tragischen Zug. Wenn es Stunden in der Geschichte Preußens gibt, die sich aus dem Ablauf der Zeit unvergeßlich herausheben, so ist es die Begegnung von Napoleon und Luise.

«Mit welcher Aufopferung ihrer Gefühle sie öffentlich auftrat, wenn es seyn mußte», schreibt Friedrich Wilhelm in seinen Memoiren, «beweist nichts mehr als ihr Erscheinen zu Tilsit vor Napoleon. Mit welcher Grazie und Würde, Gewandtheit und Liebenswürdigkeit sie ihn empfing, muß man gesehen haben, um darüber urtheilen zu können.»

«Aus der Haut möchte man fahren»

Im Königsberger Exil.
1807/1808

«Du forderst Nachrichten von meinen Kindern: sie sind alle lieb und gut.» Das war der einzige Vorzug des Exils: das Königspaar konnte die Kinder hier öfter sehen als in Berlin. «Fritz gibt die schönsten Hoffnungen, sein Herz ist gut, viel Geist und Wißbegierde, nur seine Manieren sind noch detestabel und erfordern all' meine Strenge.» Voll Stolz führt sie dem Bruder Georg ihre «Galerie» vor, allen voran den elfjährigen Kronprinzen. Als sie ihm von dem mißlungenen Treffen mit Napoleon erzählt habe, «fing er so an zu weinen, daß er sich den ganzen Abend nicht erholen konnte ...». Wilhelm sei klug, aber oft krank, Charlotte «rein wie Gold, gut, sanft, lustig», «Carl so eine Art Kind wie Fritz», nur «gehobelter» als der oft unbeherrschte Thronfolger, Alexandrine «besser, sanfter, folgsamer als sie war, doch so ein Gemüt wie Charlotte hat sie nicht». Fritz, als König Friedrich Wilhelm IV. der «Romantiker auf dem Thron», brachte durch eine sprühende Phantasie und komische Einfälle selbst den König zum Lachen. In Physiognomie und Wesen glich er der Mutter, die ihm zu seinem zwölften Geburtstag am 15. Oktober 1807 schrieb: «Unter *traurigeren Umständen* hast Du noch keinen Geburtstag gefeiert. Preußens Größe ist dahin. Dein Vater recht *unglücklich* durch das Elend, welches sein Volk *ohne seine Schuld* leidet, der Staat aufgelöst und verarmt ...» Er, der Sohn, solle alles unternehmen, um «das wieder aufzubauen, was zehn Monate Krieg vernichtet –».

Der zweite Sohn, Wilhelm, im Charakter dem Vater ähnlich, überlebte den älteren, kinderlosen Bruder um siebenundzwanzig Jahre, wurde als sein Nachfolger preußischer König Wilhelm I. und 1871 zum deutschen Kaiser gekrönt. Tragisch war, daß Wilhelm seine Jugendliebe Prinzessin Elisa Radziwill aus «Staatsräson» nicht heiraten durfte. Charlotte, neunjährig, blieb auch als Frau so sanft und liebenswürdig, wie sie es als Kind war. Mit neunzehn Jahren heiratete sie Nikolaus, den jüngeren Bruder von Alexander I., und wurde 1825 Zarin von Rußland. Karl, mit Marie von Sachsen-Weimar vermählt, war ein bedeutender Kunstkenner und -mäzen, dessen Antikensammlungen in dem von Schinkel umgestalteten Schloß Glienicke bewahrt werden. Die vierjährige Alexandrine heiratete neunzehnjährig Großherzog Paul von Mecklenburg-Schwerin, den Sohn jener schönen Helena von Rußland, in die ihr Vater einmal so verliebt gewesen war.

Aus Königsberg, das Wilhelm von Humboldt seiner Frau als häßlich, kleinstädtisch und geschmacklos schilderte, schrieb Luise melancholische Briefe an ihre ferne Familie. Die Räume des alten Schlosses, einer deutschen Ordensburg aus dem 13. Jahrhundert, waren unwohnlich und nahezu unbeheizbar. Das ganze Schloß kam Zelter so vor, als habe es «seit dem dreißigjährigen Krieg im Rauch gehangen». Das Leben der Königsfamilie war eingeschränkt, das Essen einfach, das Klima feucht und kalt. Luise bat den Bruder Georg, der sich zu Verhandlungen in Paris aufhielt, dringend um eine Sendung von «wattierten Kleidern, Überröcken, Mänteln», denn sie friere entsetzlich: «Im Süden Deutschlands aufgewachsen, hatte ich schon Mühe, mich in Berlin zu akklimatisieren: aber was ist das Berliner Klima im Vergleich zu Preußen! Vergangenes Jahr brauchte ich zehn Wochen, um mich zu erholen ...»

«Wer die letzten zwanzig Jahre gelebt hat, der hat für Jahrhunderte gelebt», schrieb Arndt zu diesem «auf der Flucht» befindlichen Zeitalter. Während Friedrich Wilhelm, nur von einem Burschen begleitet, weite Ausritte unternimmt, erkundigt sich Luise aufgebracht bei Georg, was aus den Kunstschätzen wurde, die Napoleon aus den Berliner Schlössern abtransportieren ließ. Wo sind Venus und Apoll geblieben? Zu Sand zermahlen, vermutet sie ironisch. «Grüße doch meinen Marc Aurel aus dem Schloß, die Hygieia aus Charlottenburg, den Äskulap aus dem neuen Palais und alles, was aus Sanssouci in Paris ist», schrieb sie böse.

Scharnhorst behauptete, sie kämen sich vor «wie Schiffbrüchige auf einer öden Insel». Man war an einem Nullpunkt angelangt. Alles, worauf Luise in ihrem Leben gebaut hatte – die menschlichen Bindungen und politischen Verträge, die unangreifbaren moralischen und religiösen Fundamente – war zerbrochen. «Mit uns ist es aus, wenn auch nicht für immer, doch für jetzt», schrieb sie ihrem Vater. «Für mein Leben hoffe ich nichts mehr ...» Sie denkt und formuliert in der gleichen historischen Perspektive wie Arnim und Kleist in ihren damaligen Briefen. «Die göttliche Vorsehung leitet unverkennbar neue Weltzustände ein, und es soll eine andere Ordnung der Dinge werden, da die alte sich überlebt hat und in sich selbst als ausgestorben zusammenstürzt. Wir sind», fährt sie fort, «eingeschlafen auf den Lorbeeren Friedrichs des Großen ... Das siehet Niemand klarer ein als der König. Noch eben hatte ich mit ihm darüber eine lange Unterredung, und er sagte in sich gekehrt wiederholentlich: ‹Das muß auch bei uns anders werden ...›»

Die Laune des Königs wechselte von Galgenhumor zu tiefer Niedergeschlagenheit. Eines Tages schnitt er sich den friederizianischen Zopf ab, den er bis dahin nach alter Manier getragen hatte, und sandte ihn in einem Umschlag seiner Frau, die die seltsame Gabe mit der Bemerkung kommentierte, daß diese kleine Veränderung eine neue historische Epoche einleite.

Das Schicksal des Monarchen beschäftigte in Königsberg Achim von Arnim, der im August

1807 einem Schreiben an Bettina Brentano, seine spätere Frau, die Verse einfügte: «Der Sattel hat das Pferd gedrückt, / Wer Kronen trägt, geht gern gebückt, / Bis sie herabfällt und zerbricht / Und wir besehn sie nun bei Licht ...» Arnim dachte zweifellos an ein Ende der Dynastie und hatte nicht einmal Unrecht – wenige Tage später schilderte eine erschrokkene Luise Georg die seelische Verfassung ihres Mannes. «So will z. B. der König bei Nacht und Nebel nach Berlin einschleichen, sich nicht zeigen, weil er sich schämt, und so mit dem ersten Schritt alles wieder verderben. Denke Dir nur, hatte er die Idee, abzudanken, die ich dann mit aller Indignation zurückwies.» Der Bruder soll den Brief sofort verbrennen. Zum erstenmal reagierte sie deutlich verärgert auf Friedrich Wilhelms mangelndes Selbstwertgefühl und sparte nicht mit offener Kritik. Die Trostlosigkeit des Exils macht Spannungen spürbar. «Aus der Haut möchte man fahren, wenn man das so sieht und nicht helfen darf ...»

Die wirtschaftliche Lage des ausgebeuteten Landes war katastrophal. Auch in Berlin machten sich Unzufriedenheit und Zukunftsangst deprimierend bemerkbar. Es war zu befürch-

Das düstere, aus dem 13. Jahrhundert stammende Königsberger Schloß wurde für drei Jahre zum Exil der königlichen Familie. Hier kamen auch die beiden letzten Kinder des Paares, Luise und Albrecht, zur Welt.

ten, daß dem König die Zügel tatsächlich entgleiten würden – man spielte ihm die Nachricht zu, daß eine Gruppe von Verschwörern ihn absetzen und seinen Bruder Wilhelm auf den Thron heben wollte. In jenen Tagen entwarf Friedrich Wilhelm die längste Denkschrift, die man von ihm kennt: eine Rechtfertigung seiner Bestimmung. «Wie oft, Gott ist mein Zeuge, habe ich mich nicht mit dem Gedanken beschäftigt, den Thron einem Würdigeren, Klügeren als ich bin, freywillig abzutreten, wenn ich dadurch das Glück meines Vaterlandes hätte begründen können.» Doch ganz offensichtlich hielt er seinen jüngeren Bruder – trotz der Furcht vor eigener Unzulänglichkeit – noch weniger für diesen «Würdigeren und Klügeren» als sich selbst.

Mit seinem Argwohn gegen Frau von Berg hatte der König übrigens recht: sie war es, die Luise insgeheim vorgeschlagen hatte, «durch kleine Kunstgriffe Einfluß und Macht» zu gewinnen. Aber gegen Intrigen zeigte sich Luise immun. «Mein *ganzes* Leben soll eines rechten Vertrauens würdig seyn, aber keine *Beeinflussung*. Basta, dabei bleibt es», antwortet sie ihr im Mai 1808. Sie brauche ihren Mann und sonst niemanden; auf sein «zärtliches Verhalten» könne sie nicht verzichten, schrieb sie der Berg; außerdem sei sie stolz, daß er Napoleon nicht geschmeichelt habe wie der Zar, und ehrenvoll dastehe, obgleich er bekanntlich «nicht so ‹aimable› wie Alexander» sei ... In diesen Dingen wußte sie erstaunlich gut Bescheid. Zwar sei der König verschlossen und in sich gekehrt, verberge aber «hinter einer scheinbar kalten Hülle ein gefühlvolles Herz» – in dieser Hinsicht eine Rarität unter den preußischen Herrschern.

Schlimmer könnte es nicht mehr kommen, dachte die alte Oberhofmeisterin von Voß, die den Majestäten freiwillig gefolgt war – oder doch? Sie war entgeistert, als ihr die Königin ausmalte, daß Napoleon in unersättlicher Gier auch Berlin noch an sich reißen und einem seiner Brüder schenken werde, wie er schon Holland an Louis, Westfalen an Jérôme und Spanien an Joseph Bonaparte vergeben hatte! Selbst der französische Außenminister Talleyrand bezeichnete den «Tilsiter Frieden» als unklug. Die Reparationen saugten das Land aus und schürten den Widerstand der Bevölkerung. Wir besitzen eine handschriftliche, undatierte Aufzeichnung Luises, aus der, wie aus keiner anderen Äußerung, ihre Verzweiflung ablesbar ist. «Preußens Urteil, nämlich unser Todesurteil, ist gesprochen. Preußen existiert nicht mehr ... Wir haben *alles verloren* ... Wir müssen doch nun bald dieses Land räumen, welches einer Wüste täglich ähnlicher wird. Also setze der König eine Regierung in Preußen nieder und fest, die das bißchen zusammenhalte. Und wir nebst unserer Familie nehmen den Wanderstab in Händen und suchen einen Winkel, wo es sich besser leben läßt als hier. Glücklich wohl nie mehr, denn in einer Welt, wo es so hergeht, wo Tugend eine Lüge und Laster nur gedeiht, kann man da wohl noch glücklich sein!»

Die Königin erwartete wieder ein Kind, es war die neunte Geburt in dreizehn Ehejahren. Die Hoffnung des Hofes, zur Entbindung nach Berlin zurückzukehren, erfüllte sich nicht. Sorgenvoll dachte man an die Niederkunft in der Kälte eines ostpreußischen Winters. Unter Übelkeit und Seelenqual leidend, beklagte sich die Zweiunddreißigjährige: «Das Blut steigt mir in den Kopf, und ich befürchte eine Blutung. Schließlich ist der Zustand, in dem ich mich befinde, eine Pein, zudem eine Strafe ...» Friedrich Wilhelm war entsetzt. «Ich murre nicht», lenkte Luise ein, «vorausgesetzt, daß ich ein Kind zur Welt bringe, das eines Tages zu Deinem Glück beiträgt ...»

Am 1. Februar 1808 kam nach einer überraschend leichten Geburt in den dunklen Räumen des Königsberger Schlosses ein Mädchen zur Welt, das auf Wunsch Friedrich Wilhelms die vier Vornamen seiner Mutter erhält: Luise Wilhelmine Auguste Amalie. Die ostpreußischen Stände wurden zu Paten gewählt. Sie schenkten der Wöchnerin eine Chaiselongue aus grünem Samt «mit Troddeln und Fransen», dem Kind eine mit Samt ausgeschlagene Wiege. Nach jedem Wochenbett sei Luise verjüngt wieder aufgestanden, schreibt der König. Das Entzücken nach der Entbindung, «wenn sie mich zuerst wieder an ihr Herz drückte und ihr Kleines in die Arme nahm, läßt sich nur fühlen, nicht wieder erzählen».

Bevor Hardenberg auf Befehl Napoleons nach Riga in die Verbannung ging, hatte er als Nachfolger den Reichsfreiherrn vom und zum Stein empfohlen, der als einziger fähig sei, das bettelarme Land wieder zu einem kräftigen Staatsgebilde zu machen. Stein zögerte mit der Zusage – schließlich hatte ihn der König vor nicht langer Zeit entlassen mit den Worten, er sei «widerspenstig, trotzig und hartnäckig», ein Staatsdiener, der zwar Genie und Talent besitze, doch seine persönlichen Leidenschaften nicht zügeln könne – ein Vorwurf, der sich erneut bewahrheiten wird. Jetzt aber wurden «Genie und Talent» dringend gebraucht, und so «trotzig und widerspenstig» der Minister auch war – nachtragend war er nicht. Frau von Berg ließ ihn wissen: «Die Königin ist nicht geeignet, in das Einzelne der Verwaltung einzugehen ... aber sie muß eine Stütze finden ... Seien Sie also diese Stütze ...» So machte sich der Minister im September 1807 aus seinem heimatlichen Schloß Nassau auf den Weg in den unwirtlichen Osten. Der König schrieb nach seiner Ankunft am 2. Oktober 1807 an Hardenberg: «Ich hoffe und wünsche, daß seine kraftvolle Geschäftsführung das Chaotische unseres jetzigen Zustandes baldigst zu ordnen imstande sein möge ...»

Das Riesenwerk der dringend notwendigen

Staatserneuerung überstieg fast die Kräfte Steins, den der König nun zum Staatsminister mit nahezu unbeschränkten Vollmachten ernannte. Mit königlicher Unterstützung entwarf Stein die Gesetze, die die wirtschaftliche, geistige und moralische Erneuerung des Landes bewirken sollten: die Landreform, wonach in Zukunft jeder, nicht nur der Adlige, Grundbesitz erwerben konnte, die Selbstverwaltung der Städte, die Abschaffung des Leibeigentums und das «Edikt betreffend die bürgerlichen Verhältnisse der Juden in dem Preußischen Staate». Es wäre die Krönung des preußischen Reformwerks gewesen, wenn die geforderte Verfassung mit einer parlamentarischen «Repräsentation» erfolgt wäre, wie sie Stein in der *Königsberger Zeitung* vom 29. September 1808 ankündigte. Doch die Pläne scheiterten am reaktionären Widerstand des Adels. Scharnhorst und Gneisenau betrieben währenddessen die Reorganisation des Heeres. Zu Steins engeren Mitarbeitern gehörten die Staatsminister von Altenstein, Schön und Klewitz, die Oberpräsidenten Auerswald, Sack und Vincke, der Historiker Niebuhr und der Finanzrat von Staegemann. Wilhelm von Humboldt verließ 1809 seinen Posten in Rom und übernahm das Kultusministerium; er begründete 1810 die Berliner Universität, für die er bedeutende Professoren gewann, Fichte, Savigny und Schleiermacher, die Historiker Niebuhr und Süvern – Gelehrte, die das Weltbild des 19. Jahrhunderts entscheidend mitgeprägt haben.

«Wo ist Willenskraft, wo Energie?» Die Gräfin Voß fand den König im Frühjahr 1808 «muthlos» wie nie zuvor und bemerkt im Tagebuch, daß keiner mehr an eine Wende glaube. Der aus französischer Gefangenschaft nach Königsberg entlassene Graf Lehndorff schrieb, der König sei erschreckend verändert, jeder Enthusiasmus müsse an seiner «Eisklippe der Gleichgültigkeit» scheitern. Schwägerin Marianne von Preußen machte selbst der Königin gegenüber kein Geheimnis daraus, daß sie gern ihren eigenen Mann, den Prinzen Wilhelm, auf dem Thron sähe. Zunächst allerdings schickt der König den fünfundzwanzigjährigen Wilhelm auf Anraten Steins nach Paris, wo er in Begleitung des berühmten Naturforschers Alexander von Humboldt bei Bonaparte intervenieren sollte. Wilhelm wurde mit Instruktionen versehen sowie mit einem Brief der Königin an Napoleon, die für ihr Land, «welches durch die Armeen entsetzlich leidet», um Erleichterung bat. Luise war sehr niedergeschlagen, der Pessimismus ihres Mannes erschien ihr schwer erträglich, außerdem lebten die meisten ihrer Verwandten, vor allem die von Napoleons Gnaden zu Königen erhobenen Kurfürsten von Sachsen, Württemberg und Bayern, wie zuvor – sie allein mußten das Exildasein ohne Aussicht auf eine Rückkehr nach Berlin ertragen.

Die Aktivitäten der Königin mit großem Interesse verfolgt hatte kein anderer als Heinrich von Kleist, der Dichter. Er war 1807 nach Königsberg gekommen, um Kameralistik zu studieren und auf Rat Hardenbergs die Beamtenlaufbahn einzuschlagen – in Wirklichkeit aber schrieb er am *Zerbrochnen Krug* und entwarf die *Penthesilea*. Als Dramatiker noch unbekannt – erst zwei Jahre später führt Goethe in Weimar den *Zerbrochnen Krug* auf –, galt der Dichter patriotischer Lieder als ein Verehrer der Königin. Mit Blick auf ihre Bemühungen um Stein und Hardenberg schrieb Kleist seiner Schwester Ulrike: «Man sieht sie einen wahrhaft königlichen Charakter entwickeln – Sie hat den ganzen großen Gegenstand, auf den es jetzt ankommt, umfaßt; sie, deren Seele noch vor kurzem mit nichts beschäftigt schien, als wie sie beim Tanzen oder Reiten gefalle, sie versammelt alle unsere großen Männer, die der König vernachlässigt, um sich: ja, sie ist es, die das, was noch nicht zusammengestürzt ist, hält.»

Ausgerechnet im Exil entstand, was in Berlin nicht möglich gewesen war: eine Art «Musenhof». Künstler, Wissenschaftler und Gelehrte versammelten sich um das Königspaar, es wurde musiziert, gelesen, diskutiert, gedichtet und gemalt – auch der König erhielt einen Zeichenkasten zum Geburtstag. Mit Caroline von Berg, die für drei Monate nach Ostpreußen kam, wurde Schillers *Maria Stuart* mit verteilten Rollen gelesen. Nur mit dieser Freundin vermochte Luise über ihren Mann zu sprechen. Es mag sein, daß der Grund zu seiner Abneigung gegen Frau von Berg in dieser Vertraulichkeit zu suchen ist, außerdem haßte er ihre unerträgliche Schwärmerei für moderne Literatur.

Ebenfalls in Königsberg arbeitete der junge Achim von Arnim, der spätere Autor der *Kronenwächter*, als Mitarbeiter der *Hartung'schen Zeitung*, für die er politische Artikel verfaßte.

Arnim war entzückt, daß die Königin aus der von ihm und Brentano veröffentlichten Sammlung *Des Knaben Wunderhorn* Lieder zur Gitarre vortrug – «Es ritten drei Reiter zum Tore hinaus» – ihr Lieblingslied – sang sie «göttlich schön», und zwar «auf einer Wasserparthie, wo man, bis der Mond heraufzog, auf dem Wasser blieb, im Schwimmen Thee trank und sich erkältete». Hofkapellmeister Reichardt, der vom König geschätzte Opernkomponist, studierte mit Luise, der er 1809 Goethes *Lieder, Oden, Balladen und Romanzen* mit seiner Vertonung widmete, die *Ariadne* von Haydn ein. Als das Königsberger Theater, das drei Jahre zuvor abgebrannt war, am 30. April 1808 mit Mozarts *Titus* wieder eröffnet wurde, empfingen Orchester und Publikum den König mit Jubel und Trompetenklängen.

Im Sommer 1808 zog das Königspaar aus dem «infamen Schloß» von Königsberg hinaus aufs Land, in eine Sommerwohnung «auf den Huben» mit großem Garten, wo vieles an Paretz erinnerte: bei schönem Wetter aß man mit den Kindern im Freien unter Zelten und lud Freunde ein, die Radziwills, Staegemanns und Korffs, Gneisenau, Scharnhorst, Natzmer, Hufeland, Dönhoffs und den Kriegsrat Scheffner, der Luise Geschichtsunterricht erteilte. Sie las damals Schillers *Geschichte des Dreißigjährigen Krieges*, die Dramen des in Königsberg geborenen Zacharias Werner, studierte Süverns Vorlesungen über *Europäische Geschichte von Karl dem Großen bis zur Gegenwart* – sie wollte Versäumtes nachholen und stellte die rührend-wißbegierigen Fragen einer eifrigen Schülerin: Was waren die Gracchischen Unruhen? «Welche Kriege nennt man die punischen Kriege?» Was versteht man unter «Hierarchie»?

Eine harmonische Verbindung zwischen dem König und seinem Minister vom Stein entstand auch diesmal nicht. Der fünfzigjährige Minister besaß nicht Hardenbergs diplomatische Geschicklichkeit; sein Urteil fiel im Gegenteil schroff aus. Friedrich Wilhelms Regentschaft, sagte Stein, leide unter Trägheit und einem Mangel «an Erhabenheit der Gesinnungen». Die Königin fand zunächst seine Unterstützung; allmählich aber kühlte das Verhältnis ab, getrübt vielleicht auch durch Luises mangelndes Interesse an seiner Reformarbeit – er hatte sie überschätzt. In dieser Hinsicht war auch

Gneisenau von der Königin enttäuscht. Im September 1808 notierte er: «Die schöne Frau, die einmal des Abends nach dem Thee uns mit so hinreißendem Enthusiasmus von einer besseren Ordnung der Dinge sprach», interessiere sich nicht mehr dafür. Stein kritisierte die Königin offen, bemängelte ihre Überschwänglichkeit, «Unsachlichkeit» und Unbeständigkeit. Sie sei nur oberflächlich gebildet, weich, wehmütig und voller Besorgnisse. Er behauptete sogar, sie erfülle ihre Mutterpflichten «sehr unvollkommen und nachlässig». Es war nämlich zwischen ihr und dem Minister ein heftiger Streit um die Erziehung des Kronprinzen entbrannt – Delbrück sollte durch Ancillon ersetzt werden, und Stein verhielt sich äußerst ungeschickt. Luise ahnte sein abschätziges Urteil, enttäuscht schrieb sie an Caroline von Berg: «Stein tötet mich, er hält mich ohnehin für eine oberflächliche kleine Frau.» Sein anmaßendes Wesen brachte dem Minister selbst unter den eigenen Mitarbeitern Feinde ein, die ihn, wie General Graf Yorck, als «Giftnatter» bezeichneten. Es gab fortgesetzt Reibereien. Die Königin fand ihn aufbrausend und taktlos («Stein ist zu sehr Stein!»), er wiederum beschwerte sich über unvorsichtiges Geschwätz im Teesalon der Voß und über mangelnde Geheimhaltung in der engsten Umgebung des Königs.

Im Sommer 1808 steuerte Stein einen gefährlichen Kurs. In Absprache mit Gneisenau und Scharnhorst unterstützte er die überall in Deutschland entstehende Volksbewegung gegen die Franzosen, die der König – zur Enttäuschung seiner Umgebung – als revolutionär und unkontrollierbar ablehnte. Dabei beging der Minister die Unvorsichtigkeit, ein Schreiben, das die Idee eines Aufstandes und die dazu notwendigen Geldquellen erörterte, an den preußischen Oberkammerherrn Fürst Wittgenstein zu senden. Der Brief wurde von den Franzosen abgefangen und im *Moniteur* veröffentlicht – er wirkte wie ein Donnerschlag. Napoleon diktierte sofort verschärfte Bedingungen, die der unglückliche Prinz Wilhelm in Paris unterzeichnen mußte. Steins Mitwirkung an den Aufstandsplänen wurde ihm zum Verhängnis. Hardenberg, der im November 1808 durch Königsberg reiste und sich heimlich in einer Kutsche auf freiem Feld mit dem Königspaar traf, erklärte Stein zum «Stolperstein». Daraufhin beschloß Friedrich Wilhelm, alles zu versuchen, um Hardenberg wieder als Staatsminister einzusetzen.

Nach Steins Entlassung schrieb Luise ihrem Bruder Georg: «Seit dem September habe ich Erfahrungen gemacht, die mich beinah zum Wahnsinn gebracht haben. Der Brief von Stein! – das niedrige Ende desselben! So klein, so miserabel, so echt menschlich! – Alle Punkte des Traités von Erfurt gebrochen, alles infam, als wenn wir gerade die Dolchspitze gegen unsere eigene Brust gedreht hätten, um uns zu ermorden.»

«Jeder Tag ein Höhepunkt»

Am Zarenhof in Petersburg.
1808/1809

Am preußischen Hof in Königsberg sah man mit Schrecken in die Zukunft. Vergeblich hatten der Minister vom Stein, Hardenberg und Prinz Wilhelm von Preußen Napoleon um Aufschub der Zahlungen gebeten – lediglich dem Erbprinzen Georg von Mecklenburg-Strelitz wurde ein Gespräch mit dem französischen Kaiser gewährt, der ihn wissen ließ: «Ihre Schwester, die Königin, hat viel Verstand, sie hat überhaupt viele gute Eigenschaften ... aber sie besitzt kaum Einfluß, und wenn, dann gerade nur soviel, um alles zu verwirren.» Seine Meinung über den König war noch weit unfreundlicher: «Er ist weder Militär noch Politiker, ich setze nicht das geringste Vertrauen in ihn.»

Die Sorgen wuchsen noch, als im Herbst 1808 bekannt wurde, Napoleon habe in Erfurt ein Fürstentreffen einberufen, zu dem er seine Rheinbund-Vasallen und den russischen Zaren, nicht aber den preußischen König einlud, der in der Ferne abzuwarten hatte, was über ihn beschlossen würde. Mit Recht befürchtete Friedrich Wilhelm, nun mit Alexander seinen letzten Bundesgenossen an Napoleon zu verlieren. Erfurt, so sah es auch Luise, werde ein zweites Tilsit. Wieder werde der Zar sie verraten – da traf überraschend die Nachricht ein, daß er auf der Reise nach Erfurt beim Königsberger Hof Station machen wolle.

Der König antwortete ihm unverzüglich, sandte dem besten, dem treuesten Freund ein überglückliches Willkommen. Wie aber reagierte Luise? Unsicher und von Gefühlen zerrissen, verfaßte sie «unter bitteren Tränen» einen aufgeregten Brief, worin sie Alexander nicht etwa Vorwürfe, sondern neue Geständnisse machte. «Unwandelbar ist die Freundschaft, die tief in meinem Herzen immer für Sie ruht.» Er selber sei es, der ihr die zärtlichen Gefühle eingab. Es wird ein Brief, der ihre unheilbare Leidenschaft am deutlichsten zum Ausdruck bringt. «Sie werden also Napoleon wiedersehen – seien Sie auf der Hut vor diesem gewandten Lügner – Ach, warum kann mein Geist (mon âme) Sie nicht unsichtbar begleiten, um Ihr schützender Genius zu sein? Hören Sie auf meine Stimme, die Stimme einer Freundin, wie Sie auf der Welt keine zweite haben …»

Dann überfallen sie Zweifel. Ist Alexander diesen Einsatz wert? Sie wendet sich an die einzige Seelenfreundin, der sie vertrauen kann, an Caroline von Berg. Seit der Botschaft des Zaren sei sie «in einem eigenartigen Zustand. Der Schlaf hat mich verlassen, mein Schmerz weicht nicht, ich habe fiebrige Augenblicke … Wenn Sie nur hier wären», ruft sie der Freundin zu, «ich würde mich Ihnen an den Hals werfen, ich würde Ihnen alles aussprechen, was in meinem Herzen vorgeht, wie ich es tadle, wie ich es beklage, wie ich das, was ich hoffe, auch fürchte …» Ihr ganzes Wesen ist in Aufruhr. «Es ist vorauszusehen, daß ich nicht allein zu ihm sprechen kann … Ich gestehe Ihnen, er wird mir niemals gleichgültig sein …»

In einer Nachschrift – die Berg soll alles erfahren – heißt es, wie «wütig» sie auf gewisse Anordnungen des Königs sei. «Kummer im Herzen, Erkältung im Kopf, ein Auge von Rheumatismus geschlagen, kurz, ich bin in jeder Weise zerrissen … Ich könnte mich mit meine[n] Hände[n] zerreißen, so wie mein Inneres zerrissen ist von Kummer und Sorge. Gott lindere diesen Zustand bald. Auf ewig Ihre treue Luise.»

In einer Gefühlsverwirrung ohnegleichen – die sie dem eigenen Mann unmöglich gestehen kann – sucht sie sogar Rat bei Marianne von Preußen. Auch diesmal ist ihr die Schwägerin keine Freundin: sie läßt weder Friedrich Wilhelm noch Alexander Gerechtigkeit widerfahren, sondern kritisiert beide. «Sie ist ihm gegenüber sehr kalt und sagt Dinge, die mir das Herz entzweischneiden. Sie ist ja nie in meinem Fall gewesen, ist erst seit kurzem verheiratet und war in dieser kurzen Zeit meist getrennt, so daß sie noch nicht weiß, woran sie ist und wie man leidet, wenn die Illusion, ‹der Morgentau der Verhältnisse›, Lügen gestraft wird ...»

Verlegener als früher, doch wie früher bestechend liebenswürdig, traf Alexander in Königsberg ein, wo die offenkundige Freude des Königs ihm schmeichelte. Es gelang Luise, unter vier Augen «ernst und bewegt» mit ihm zu sprechen. Ihre hinreißenden Worte, ihr Blick, ihr Verständnis für seine Person und die warme

Freundschaft Friedrich Wilhelms ließen ihn nicht unbeeindruckt. Er versprach, sich bei Napoleon für die Interessen Preußens einzusetzen – er ist der alte Freund wieder, wie sie ihn kannten und schätzten. In einem weiteren Brief (der unveröffentlicht blieb, weil Luises Sohn, Kaiser Wilhelm I., ihn sekretieren ließ), gesteht die Königin der Berg: «Eine Stunde vor seiner Abreise, als ich an seiner Seite saß, von Liebe überwältigt (mourant d'amour)» – habe Alexander kein einziges Wort mit ihr gesprochen. «Gott hat ihn auf meinen Lebensweg gestellt wie einen bösen Dämon.» Sie sei wahnsinnig eifersüchtig und fühle «eine véritable Jalousie auf die, die ihm gefallen könnten … Er kann mich nicht lieben, er kennt nicht waß wahre Liebe heißt, waß Seelen-Liebe ist.»

Noch während Alexander an den glänzenden Assembléen und Festen des Erfurter Kongresses teilnimmt, die Napoleon mit allem nur erdenklichen Pomp ausrichtete – Fürsten, Marschälle, Herzöge befanden sich in seinem Gefolge, sogar die Comédie-Française war anwesend, und sowohl Goethe, den er nach Paris einlud, als auch Wieland werden mit Orden ausgezeichnet –, dankte Luise Alexander «für seine liebevolle und andauernde Freundschaft». «Sie werden hier mit unbeschreiblicher Ungeduld erwartet von dem König und mir mit etwas, was zarter (plus tendre) als Ungeduld ist … Nochmals Adieu: vergessen Sie inmitten Ihrer wichtigen Geschäfte nicht ganz das Wesen, das auf Tod und Leben die Ihrige ist. Luise.»

Diesmal irrte sich die weise Gräfin Voß, als sie verkündete, der Zar sei wankelmütig, von ihm sei keinerlei Hilfe zu erwarten. Als sich die Monarchen am 14. Oktober 1808 in Erfurt trennten, hatte sich Alexander zu keinem Bündnis mit Frankreich bewegen lassen. Stolz konnte er auf der Rückreise Friedrich Wilhelm berichten, daß es ihm sogar gelungen sei, Napoleon zwanzig Millionen Francs für Preußen und bessere Zahlungsbedingungen abzuhandeln, wobei – hinter dem Rücken Bonapartes – Fürst Talleyrand ihn beraten habe. Eine Annäherung an Frankreich, erklärte Alexander vergnügt, habe er nur vorgetäuscht, und Napoleon halte ihn jetzt wahrscheinlich für einen Dummkopf – aber «wer zuletzt lacht, lacht am besten!». Beim Abschied lud er die Freunde nach Petersburg ein, eine Reise, die der König der Kosten wegen ausschlagen möchte – aber Luise wünschte es sich glühend, und so gab er ihr zuliebe nach.

Reichtum und Macht, Größe und Glanz des Zarenhofes überstiegen jede Vorstellung! Das preußische Königspaar besuchte Petersburg. Fünfhundert Arbeiter hatten wochenlang, Tag und Nacht, eine Wohnung im Winterpalais für sie eingerichtet: nicht weniger als 64 Kammerherren standen zu ihrer Verfügung. Man umgab sie mit einem Luxus, den sie lange entbehrt hatten: schon auf dem Wege über Riga, Dorpat und Strelna waren auf kaiserlichen Befehl alle Posthäuser neu möbliert und eine Eskorte von 30 Husaren zur Begleitung befohlen worden. Wollte der Zar sie für die Entbehrungen des Exils entschädigen, oder demonstrierte er nur seinen unermeßlichen Reichtum? «Jeder Tag ein Höhepunkt» – ihnen zu Ehren gab es künstlerische Darbietungen in jeder Form, Ballettaufführungen, Konzerte, Feuerwerk über der Newa –, selbst die Gräfin Voß, die schon viel in ihrem Leben gesehen hat, staunte über den Reichtum, der sie umgab. «Die Paläste sind weit schöner und imposanter als in Berlin, aber die Straßen nicht – Alles ist mit tiefem, tiefem Schnee bedeckt und leuchtet blendend weiß in der Sonne ... Die Zimmer der Zarin sind von einer unglaublichen Pracht ... Die junge Zarin hat leider eine unglückliche Leidenschaft für ihren Gemahl, den Zaren, deren er nicht wert ist, wehmütig und rührend mitanzusehen ...»

Die Königin begann eine Freundschaft mit Elisabeth, der dreißigjährigen Gemahlin Alexanders, einer Prinzessin von Baden, die am Zarenhof, an dem ihre Schwiegermutter herrscht, keineswegs glücklich ist. Sie verzeichnet in ihrem Reisetagebuch auch einen Besuch im Krankenzimmer des zwölfjährigen Nikolai, Alexanders Bruder, der mit Keuchhusten im Bett lag; später wird er – Luise erlebt es nicht mehr – ihre Tochter Charlotte heiraten.

«Unsere Gäste sind wirklich die besten Menschen von der Welt – die Königin eine schöne Frau», urteilte die Zarin Elisabeth. Prinz Wilhelm sei sehr attraktiv, der König «angenehm», die Königin nicht im mindesten affektiert, wie man behauptet habe, sie besitze «beaucoup de Herzlichkeit», doch neige sie zur Fülle und leide unter dem Beginn einer Schwangerschaft, darum ihre müden, oft «erloschenen» Augen.

Inmitten einer Welt unvorstellbaren Reichtums war Luise überanstrengt und «hundeelend». Husten, Schlaflosigkeit, Kopfschmerzen quälten sie, «im Pelz ins Theater, da ich fieberte». Die Königin, schreibt die Oberhofmeisterin, sei «sicher wieder in Umständen und beängstigend matt». Der Zar überhäufte sie mit Geschenken, mit Diamanten, türkischen Schals und einem Pelz von schwarzem Fuchs – aber er wich jedem Gespräch aus und favorisierte vor aller Augen seine blendend schöne, dunkelhaarige Geliebte, die Fürstin Naryschkina, die sich raffiniert in Szene setzte. Bei der Großen Cour am 9. Januar 1809 zu Ehren der Gäste erschien sie ohne Schmuck und triumphierte durch ihre Schönheit über die verlegene preußische Königin.

Der Zar war täglich zu Truppenparaden, Revuen und Besichtigungen mit Friedrich Wilhelm unterwegs – ins Arsenal, in Hospitäler, in die Akademie der Wissenschaften, die naturwissenschaftlichen Kabinette, zum astronomischen Observatorium, und der König, mehr denn je von seinem Freund eingenommen, wird Ehrenmitglied der Akademie der Schönen Künste. Luise hingegen wirkte verunsichert.

«Der Kaiser floh mich, negligierte mich absichtlich – absichtlich war der Triumph der Narischkin beschlossen, mich kränkt es nicht mehr.» Eine scheinbar nebensächliche Bemerkung läßt aufhorchen. Zweimal, schreibt Luise, habe sie «so eine kleine crampe au cœur» erlitten. Brustkrämpfe, Herzbeschwerden.

Charlotte Gräfin Moltke, eine Hofdame, die Luise intellektuell und politisch zu ehrgeizig war (*sie* würde lieber «alle Bücher in die Havel werfen», statt ihre Gefühle so zu vernachlässigen, sagte sie), scheint die seelische Katastrophe der Königin durchschaut zu haben. «Wie aber bei den größeren öffentlichen Festen – Bällen, Konzert, Feuerwerk – der Kaiser jederzeit ... sie verließ und sich immer zu seiner Maitresse, der Gräfin Naryschkina, setzte oder mit dieser tanzte, – da ward der Stolz der Königin aufs heftigste gereizt, – und wenn sie noch mit einer alten Wunde nach Petersburg gekommen sein sollte, so verließ sie es wenigstens vollkommen geheilt.»

Als am 31. Januar 1809 die Heimreise angetreten wurde, waren ihre Illusionen zusammengestürzt wie ein Kartenhaus. Der Abschied war schmerzlich, der Kaiser «stieg aus dem

Schlitten, um uns ein letztes Mal zu umarmen. Dann wurde die Türe geschlossen, alles war gesagt …» Alles war gesagt – Luise und Alexander haben sich nicht wiedergesehen.

Der König kam heiter zurück. Luise hingegen war körperlich und seelisch erschöpft – und wieder schwanger. Offenbar vergewisserte sich Friedrich Wilhelm immer, wenn Luise ihm zu entgleiten drohte, ihrer Liebe: sowohl nach den Begegnungen mit Alexander in Memel 1802 und 1807 als auch nach Petersburg 1808 gebar sie neun Monate später ein Kind.

«Meine Reise hat mich von einer gewissen Illusion geheilt, und Sie sollen einen Ring haben mit einem Stern und den Worten: Er ist erloschen …», schrieb Luise der Berg. Noch bitterer klingt es in ihrem Bericht an Georg: «Ganz Petersburg und seine Feste waren mir Pein und Strafe.» Dem Zaren aber dankte sie höflich: «Alles in Petersburg war herrlich, nur habe ich Sie zu wenig gesehen.»

Es hätte trotz allem ein glücklicher Sommer werden können, wäre die Königin nicht fortwährend krank gewesen. Wilhelm von Humboldt kam im April 1809 aus Rom nach Königsberg, um sich der Forderung zu stellen: Schul- und Kirchenwesen, Wissenschaft und Kunst, Universitäten und Bibliotheken in einem bankrotten Land aufzubauen. Vom König, dem sehr an einer Erneuerung Preußens «von innen her» gelegen war, wurde er mit offenen Armen aufgenommen, ebenso von Luise Radziwill, die ihn seit ihrer Jugend in Berlin aus dem Salon der Henriette Herz kannte. Humboldts Urteil über den König in Briefen an seine Frau Caroline widerspricht der verbreiteten Meinung von dessen Passivität. «Der König ist trefflich, will alles Gute, bietet zu allem die Hand und wohnt dem Minister-Vortrag mit großer und einsichtsvoller Aufmerksamkeit alle Vormittage mehrere Stunden bei.»

Auch Georg, der in Weimar zu einem Freund Goethes geworden war, kam für drei Monate nach Königsberg, man feierte seinen dreißigsten Geburtstag im Schloß der Dönhoffs, hörte Radziwills *Faust*-Kompositionen und Hofkapellmeister Himmels Konzerte: es hätte, wie gesagt, ein herrlicher Sommer werden können – wenn Luise nicht unentwegt krank gewesen wäre. Sie war angegriffen durch Schwangerschaft, Aufregung und Enttäuschung. Sie sei sicher, sagte sie, «daß die Glätscher aus Gottes Hand mehr *Wärme* enthalten als Menschenherzen in Menschenhand geformt …» Vielleicht war ihr fortwährendes Kranksein im Sommer 1809 auch eine Form des inneren Rückzugs, jedenfalls hatte der König zum erstenmal wirkliche Angst um sie. In Fieberanfällen, Atemnot und Brustkrämpfen kündigte die tödliche Krankheit sich an. Ununterbrochene Regenfälle trugen zur Verschlechterung bei, vom «kalten Fieber» der Königin sprach die ganze Stadt, in seinen Briefen auch Friedrich Zelter, der im Juli 1809 nach Königsberg gereist war, um als Direktor der Singakademie seine Berliner Aufführungspläne beim König durchzusetzen.

Der König wirkte auf Humboldt und Zelter wie auf seine ganze Umgebung gelassen abwartend. «Niemals waren Volk und König inniger verbunden; die erbitterte Armee wartete auf den Augenblick der Erhebung», schrieb der Naturforscher Heinrich Steffens. Die Königin aber litt sichtlich. «Sie hatte das Unglück kennengelernt, und davon wird man nicht heiterer», konstatiert Friedrich Wilhelm in seinen Erinnerungen bekümmert. Es war der vierte Herbst in der Verbannung. «Ging ich nur nach

Berlin, dahin, dahin möcht ich jetzt gleich ziehen – Und mein Charlottenburg! Und alles mein, sogar mein lieber tiefer Sand, den lieb' ich!» Luise wollte nach Hause.

Erst von dem Tage an, als Friederike eintraf, um ihr «in den Wochen» beizustehen, ging es der Königin besser. Am 4. Oktober 1809 brachte sie ihr zehntes Kind zur Welt, einen Sohn, der nach dem ersten Markgrafen von Brandenburg den Namen Albrecht erhielt und von seiner elfjährigen Schwester Charlotte über das Taufbekken gehalten wurde, «ohne Schleppe», was die gestrenge Oberhofmeisterin mit dem Zusatz quittierte: «Aber wir sind ja in Königsberg, da hält man es nicht so genau.»

Am 14. Oktober 1809, auf den Tag drei Jahre nach der Niederlage von Jena und Auerstedt, erreichte sie die Nachricht, daß die Jahre des Exils ein Ende haben werden. Frankreich und Österreich schlossen den Frieden von Schönbrunn – Napoleon genehmigte die Rückkehr des preußischen Königs nach Berlin.

«Fürchte dich nicht, ich sterbe nicht»

Das letzte gemeinsame Jahr. 1810

«Von allen Thürmen wehten weiße Fahnen, alle Glocken läuteten» – es ist der junge Eichendorff, der als Student in Berlin die Rückkehr des Königs miterlebte. «Ein herrliches Kürassierregiment (weiß-roth) schritt vorbei, und nun winkten alle Damen aus den Fenstern, und folglich auch wir … denn nun kam der König selber in einfacher Armeeuniform mit Tschako, zu Pferde, und hinter ihm die Prinzen …»

Eichendorffs Bericht ist in der Stimmung verfaßt, von der ganz Berlin erfüllt war. Sogar die sonst über Preußen nüchtern denkende Rahel Levin mußte «losheulen» vor Aufregung und Freude: «Oh! Ich habe es nie gewußt, daß ich mein Land so liebe!» Zu dritt aus dem Fenster gelehnt, sahen der einundzwanzigjährige Eichendorff, seine Freunde Graf Loeben und Adam Müller die Königin «in einem brillanten gedeckten Wagen mit acht Pferden» Einzug in Berlin halten.

Der Tag war der 23. Dezember 1809. Vor sechzehn Jahren hatte der König Luise als Braut erwartet. Wie hatte sich alles verändert! Nicht alle jubelten ihm zu. Preußen war arm, das Volk litt. «Der Einzug war nicht recht den Wünschen der Bürgerschaft gemäß», behauptet Leopold von Gerlach, der zum ersten Berliner Oberbürgermeister gewählt worden war. «Wir hängen nun von der Willkür des Siegers ab.» Man war über die immensen Kriegsentschädigungen, die Frankreich verlangte, bedrückt. Eichendorff berichtet, daß in den Kreisen der Romantiker damals der Widerstand gegen Napoleon erwachte und sich in den Vorlesungen Fichtes und des Staatsrechtlers Adam Müller, die mit Kleist die *Abendblätter* herausgaben, ein neues Nationalbewußtsein herausbildete. Der König mußte Domänen verpfänden, Steuern erhöhen, Wucherkredite aufnehmen. Das goldene Tafelservice Friedrichs des Großen wurde zu Geld gemacht, die Königin verkaufte ihre Diamanten. Daß der Kronschatz dennoch reich war, geht aus bisher unpublizierten Listen des Königlichen Hausarchivs hervor. Danach besaßen die Juwelen, die «große Esclarage von Brillanten», die Halsketten, Paruren und edelsteinbesetzten Fächer einen Wert von 128 000 Talern. In seiner Aufstellung vermerkt der Archivar auch private Details: daß der «Koffer mit Thee-Service» vom Vater, die Kapsel mit Haaren «von Friederike» und der «Versprechungsring» vom König stamme. Das vergoldete Toilettenservice, ein Geschenk Alexanders an Luise, bestimmte der König für die zwölfjährige Charlotte – nicht ahnend, daß sie einmal Zarin von Rußland wird.

Finanzminister von Altenstein hielt es für unmöglich, die Reparationen aufzubringen. Der einzige Ausweg sei die Abtretung Schlesiens. Nach langen Debatten war die Königin zu einem Bittbrief an Napoleon bereit – da erfährt sie, daß er die Tochter des österreichischen Kaisers zur Frau nimmt, obgleich die unglückliche Neunzehnjährige ihn verabscheut. Das entwürdigende Schauspiel empörte sie – dann aber unterdrückte sie ihre Gefühle, bat, indem sie Napoleons «edle Gesinnung» pries, um Erleichterungen für Preußen. Der Brief ist ein Meisterwerk der Schmeichelei. Niemanden haßte sie wie diesen Mann. Sie war nicht wie Goethe in der Lage, einen Menschen in ihm zu sehen, der «aus der Moralität heraustritt» – für sie war er ein Werkzeug des Teufels, der die Erde mit Leichenbergen bedeckte und die Grundpfeiler der Weltordnung zum Einsturz brachte.

Ihr Brief kreuzte sich mit Napoleons Antwort, in der es kurz und bündig hieß: Vertragserfüllung oder Schlesien! Der König war wütend auf seine Minister. «Ich habe es ja immer gesagt», rief er, «daß sie nichts taugen!» Es gab erregte Debatten, die bis ins Privatleben drangen.

Als im März 1810 Friederike nach Berlin kam, um mit ihrer Schwester Geburtstag zu feiern, fand sie Luise verzweifelt. Wie ernst die Krise war, zeigt sich an einem unveröffentlichten Blatt mit Friederikes Handschrift: «O Gott, erhöre mein heißes Gebet für den Engel, dessen Geburtstag wir morgen feiern!» schrieb sie. «Lasse das Glück wieder aufgehen über Preußen, aber nicht das Scheinglück, wie es dem Gottlosen oft zu leben gelingt, sondern das Dauernde, welches auf der Tugend und der Gerechtigkeit ruhet ... lasse den Engel auch in seinen innersten und engsten Familien-Verhältnissen Glück fühlen und genießen, dann o Gott sey Dir ewig Dankbarkeit. Berlin, am Vorabend des 10. Märtz 1810.»

«Der Engel» Luise wurde am nächsten Tag vierunddreißig Jahre alt. Friedrich Wilhelm hatte für sie den Weißen Saal des Berliner Schlosses zu einem glänzenden Ball mit Souper öffnen lassen. Unter den Gästen erschien auch sein Freund, Fürst Wilhelm von Sayn-Wittgenstein, der als Finanzexperte eine Lösung der Geldnot versprach, was der König bezweifelte, die Königin aber hoffnungsfroh stimmte. Tatsächlich sollte dieses Ballgespräch, so sonderbar es war, eine Wende in der preußischen Politik herbeiführen.

Im prächtigen Saal unter Tausenden von Kerzen Orchesterklänge, Polonaise, die große Gratulationscour. Karl Friedrich Zelter, dessen Frau von der Königin mit einem kostbaren Halsschmuck beschenkt worden war, hatte von Goethe Geburtstagsverse erbeten: «Es glänzen die Wolken, es teilt sich der Flor / Da scheint uns ein Bildchen, ein göttliches, vor ...»

Die besten Verse stammten von Heinrich von Kleist. Für diesen Dichter Preußens hatte Friedrich Wilhelm nichts übrig; die *Abendblätter* wurden eingestellt, der *Prinz von Homburg* verboten, und als Kleist sich 1811 das Leben nahm, war es der König, der in einer Kabinettsorder den Selbstmord scharf verurteilte. Kleist überreichte der Königin ein Sonett, das seine Kenntnis ihrer schweren Exiljahre verriet und sie zu Tränen rührte.

O Herrscherin, die Zeit dann möcht ich segnen!
Wir sahn dich Anmut endlos niederregnen.
Wie groß du warst, das ahndeten wir nicht!

Die vom König gewünschte Rückkehr Hardenbergs gelang. Schon vier Tage nach ihrem Geburtstag, am 14. März 1810, schrieb ihm die Königin einen dringlich beschwörenden Brief. Ihre eigene Reise zu den Geschwistern nach Neu-Strelitz, auf die sie sich unendlich gefreut hatte, sagte sie ab. «Napoleon ist ganz toll mit seinen Forderungen und hat uns alle in den tiefsten Kummer gestürzt», meldete sie dem Vater. «Ich kann und darf in dieser Krisis den König nicht verlassen; er ist sehr unglücklich und bedarf einer treuen Seele, auf die er bauen kann.»

Die Finanzierungsvorschläge, die Fürst Wittgenstein zur Rettung Preußens vorlegte, wies der Finanzminister in verletzendem Ton zurück. Gegen Altenstein, Dohna, Goltz und

Beyme ging Luise darauf in einer Weise vor, die einer Intrige gleichkam. Sie schreckte nicht mehr wie früher vor politischer Einmischung zurück, sondern nannte das Verhalten der Minister «Egoismus, Verrat und Dummheit». Während der Krise verfaßte sie zwei Denkschriften, die an Nagler und Altenstein gerichtet waren und die Herren darüber belehrten, wie man sich als preußischer Beamter zu verhalten habe. «Ein wahrer Staatsdiener muß von dem Geist beseelt sein … um den Forderungen, die dem Staate gemacht werden und obliegen, Genüge zu leisten …» Unter allen Umständen müsse ein «gewaltsames Vorgehen des Feindes verhindert» werden, da der Nation daran gelegen sei, «unter einem tugendhaften König vereint zu bleiben …» Ihre Vorstellungen klingen wie die Worte von Novalis, der Volk, Fürst und Land als Einheit sah: «Der König ist das gediegene Lebensprinzip des Staates …»

Ob Friedrich Wilhelm über ihre eigenmächtigen Schritte und die Vermittlertätigkeit der undurchschaubaren Frau von Berg informiert war, muß man bezweifeln. Sicher ist: die Königin machte sich Feinde! Sie hatte sich in die Domäne der Männer vorgewagt – nun wurde gegen sie intrigiert. Nagler behauptete sogar, er könne sie «verderben», sie sei «verloren», wenn er ihre Schriften dem König zeige!

Die Situation wurde noch verschärft durch das Verhalten des Kronprinzen. Der Vierzehnjährige, der Delbrück als Erzieher behalten wollte, wehrte sich mit Händen und Füßen gegen Ancillon, wurde krank, tobte und schrie. Es kam zu Auftritten zwischen Vater und Sohn, so daß Luise ihm einen strengen Brief schickte. «Höre meine mütterliche Stimme, mein lieber Fritz; bedenke das wohl, *was ich Dir zärtlich so oft wiederhole*; zähme das jugendliche *Feuer*, mit dem Du alles, was *Du möchtest, haben* willst, und für alles, was Du dir *denkst*, gleich die *Mittel* zur *Verwirklichung* verlangst ... Charakter haben heißt: Nach reiflicher Prüfung des Guten oder Bösen das ins Werk setzen, was man als das Gute erkennt ...» Daß der König und sein ältester Sohn sich später gut verstanden, hat sie nicht mehr erlebt.

So wie die Königin ihrem Mann bei der Rückgewinnung Steins geholfen hatte, setzte sie sich jetzt mit fast übertriebener Leidenschaft für Hardenberg ein und protegierte auch Wilhelm von Humboldt, den Freund Schillers und Goethes, der 1810 die Berliner Universität gründete. Man müsse dem Staat durch geistige Kräfte ersetzen, was er an materiellen verloren habe, bemerkte der König. Durch Humboldt lernten er und Luise den jungen Architekten Karl Friedrich Schinkel kennen, der sich, da Bauaufträge fehlten, sein Geld mit Bühnenbildern und großen Rundbildern verdiente, sogenannten «Panoramen», die dem Berliner Publikum einen illusionistischen Anblick ferner Städte und Länder boten. Schon in Königsberg hatte man davon erfahren: jetzt durfte Schinkel dem Königspaar, das selbst gern nach Italien gereist wäre, sein Palermo-Bild erklären. Die Begegnung hatte zur Folge, daß der ideenreiche Architekt schon im Mai 1810 zum Geheimen Bau-Assessor ernannt wurde.

Man mag Friedrich Wilhelm Inspiration und produktive Begabung absprechen, er hatte keinen Sinn für Literatur und verfügte nicht über die Musikalität anderer Preußenherrscher. Aber unter seiner Regierung wirkten die besten Köpfe der Zeit. Sein enger Freund und Begleiter auf allen Reisen wurde Alexander von Humboldt, der den König 1815 in Paris auch zu Gemäldegalerien, Instituten und Bibliotheken führte. Der Philosoph Fichte, in Jena wegen atheistischer Schriften entlassen, konnte mit königlicher Befürwortung in Berlin Professor werden. Der Bildhauer Christian Daniel Rauch, in seiner Jugend Kammerlakai der Königin, erhielt das Geld für einen sechsjährigen Italienaufenthalt und schuf in Berlin die Standbilder von Scharnhorst und Gneisenau, Blücher und Yorck. Rauchs bedeutendste Werke sind das Denkmal für Friedrich den Großen Unter den Linden und das Grabmal der Königin Luise im Mausoleum von Charlottenburg.

Von Friedrich Wilhelm hieß es in Königsberg, «er liest nicht und er schreibt nicht» – das tat für ihn Luise. Im Theater zog er Ballett und leichte Muse ernsten Stücken vor. Immerhin leitete das Schauspielhaus der Intendant Graf Brühl, der auf die Frage nach der Finanzierung Hardenbergs großzügige Antwort erhielt: «Machen Sie das beste Theater in Deutschland, und danach sagen Sie mir, was es kostet.» Die Lieblingsoper des Königs war Mozarts *Zauberflöte*. Ludwig van Beethoven, anfangs ein Sympathisant Napoleons, widmete ihm die Neunte Symphonie; dabei sprach er «mit großem Enthusiasmus» von der Liebe des Königs zu den Künsten. Generaldirektor des Opernhauses war, obgleich deutsche Opern bevorzugt wurden, der Italiener Spontini: Carl Maria von Webers *Freischütz* wurde 1821 in Berlin ein sensationeller Erfolg.

Friedrich Wilhelm galt als knauserig, doch für die italienische Gemäldesammlung des Kaufmanns Solly stiftete er die stattliche Summe von 200 000 Talern, er ließ die Bauakademie errichten und für das neue Museum hat er «viele Millionen in den 43 Jahren seiner Regierung verwandt», wie Eylert betont. Phantasten in der Kunst könne er nicht gebrauchen, habe ihm der König gesagt, mit dem nachdenklichen Zusatz: «Phantasus war ein Bruder des Morpheus …» Aber mit großzügigen Stipendien förderte der Monarch die Maler Karl Blechen, Eduard Gaertner, Karl Hasenpflug, Wilhelm Hensel und Wilhelm Wach; aus Paris holte er den bedeutenden Karl Begas, der in Berlin eine ganze Künstlerdynastie begründete. Niemals versäumte der König eine Akademieausstellung, wo er durch Ankäufe zeitgenössischen Künstlern zu Ansehen verhalf. Caspar David Friedrichs Landschaften erinnerten ihn an eigene Natureindrücke; er liebte die nebelbedeckten Hügel, die *Abtei im Eichwalde*; jene Stimmung von Melancholie und Todessehnsucht, die Goethe haßte, zog ihn gerade an. Für seinen Sohn erwarb er Friedrichs *Mönch am Meer*, ein Bild von kühner, fast «ungegenständlicher» Malweise, so daß es Brentano vorkam, «als ob Einem die Augenlider weggeschnitten wären». Weniger behagte dem König die Sentimentalität der Nazarener, deren Mittelalter-Verklärung und Rückwärtsgewandtheit er mit den für ihn erstaunlichen Worten kritisierte, man müsse auch in der Kunst die Zukunft im Auge behalten.

In Karl Friedrich Schinkel fand der König den idealen Baumeister, ihm verdankt Berlin seine klassische Gestalt. Zwischen Kronprinzenpalais und Oper auf der einen, Universität und Zeughaus auf der anderen Seite der Linden errichtete Schinkel königliche Gebäude für Bildung und Wissenschaft, Militär und Kirche. Das «Alte Museum» am Lustgarten, das Schauspielhaus am Gendarmenmarkt, die «Alte Wache», die Friedrichwerdersche Kirche, «Schinkel-Pavillon» und Kreuzbergdenkmal; die Gestaltung der Schlösser Glienicke, Babelsberg und Tegel, Charlottenhof und Römische Bäder sind seine Werke. Er entwarf das Schlafzimmer der Königin in Schloß Charlottenburg und das tempelartige Mausoleum im Charlottenburger Park für ihr Grab.

«Es wird den König und mich sehr freuen, unsern verehrten Freund Hardenberg den 2. Mai auf der Pfauen-Insel wiederzusehen» – dieses kleine Billet Luises entschied Preußens Zukunft. Der sechzigjährige Fürst, der sich eigentlich ins Privatleben zurückziehen wollte, kehrte – mit ausdrücklicher Einwilligung Napoleons, der durch ihn pünktliche Zahlungen erwartete – als Staatskanzler nach Berlin zurück. Der König konnte die Veränderung als großen Erfolg eigener Beharrlichkeit verbuchen. Es begann eine Regierungszeit, in der die Verbundenheit von König und Volk sprichwörtlich wurde. Varnhagen, der spätere Mann der Rahel Levin, und Heine verspotteten die konservative Regierungsform; Fontane sprach mit Bewunderung davon. «Nie hat die Welt etwas Ähnliches gesehen, auch in Duodezstaaten nicht, wie das damalige Verhältnis des preußischen Volkes, speziell der Bewohner der Hauptstadt, zu ihrem Könige.» Friedrich Wilhelm dachte liberaler als der Adel, dessen erzkonservative Vertreter wie Marwitz und Finckenstein er sogar zeitweilig in der Festung Spandau arretieren ließ.

Die Ernennung eines Staatskanzlers war in den Annalen der preußischen Monarchie eine Neuerung und eine große Unterstützung für den König. Er war bester Stimmung, geradezu unternehmungslustig. Am 20. Mai 1810 fuhren er und Luise zum erstenmal wieder hinaus nach Paretz, den Sommeraufenthalt ihrer jungen Ehe. Aber Luise machte das Wiedersehen melancholisch. In Sanssouci nahm man die Mahlzeiten in einem Laubengitter ein, ritt durch den Neuen Garten, «doch der starke Wind machte den Aufenthalt unangenehm». Luise wirkte erschöpft. Vielleicht war sie schon wieder schwanger – die letzte Geburt lag ein halbes Jahr zurück! Hufeland empfahl eine Brunnenkur in Pyrmont, aber es war ihr zu teuer, außerdem weilte Napoleons Bruder Jérôme gerade dort – dem will sie keinesfalls begegnen!

Unausgeglichen wie ihr Wesen sind zu der Zeit auch ihre Briefe. Während sie sich einerseits über die preußische Dynastie Gedanken machte, schrieb sie andererseits an Georg und Friederike in ihrer alten Kindersprache. «Seit vier Tagen jagen wir seit des morgens 6 bis 8 Uhr abends in alle Gärten», heißt es aus dem Potsdamer Schloß. «Nach dem Fraß kann ich vor Menschen kaum Siesta halten, und ich bin danach tot. Dann wird gelesen und gearbeitet bis der Thee kommt, nachher und manchmal auch schon vorher so spazieren gegangen, daß ich vermutlich ganz *mager* werde. Ganz tot kömmt man zu Bette, als *Murmeltier* erwacht man, also nicht menschlich. Kaum kann man sich besinnen, wo man ist und *was man* ist, geht die Trommel, und der Generalmarsch kündigt einen greulichen Alarm an. Mensch und Vieh läuft zusammen und marschiert zum Thor hinaus; ich folge im Staub gebückt und fresse, rieche und mache Staub, komme gegen 2 wieder, reiße mir das alte Zeug vom Leibe, *klebe* frisches auf meinen triefenden Leichnam und fahre gleich wieder fort nach Sanssouci ...»

Die Briefe sind bei genauem Hinhören weniger froh, als sie klingen wollen; eher sind es verkleidete Leiden. Der König verlangt, ob sie will oder nicht, ihre Anwesenheit bei den Frühjahrsmanövern, und sie gehorcht. «Ich folge im Staub gebückt –» Sprache der Bibel im Ton der Resignation. Luise ist eine erwachsene Frau, vierunddreißig Jahre alt, Mutter von sieben Kindern – statt anstrengender Militärparaden möchte sie bei der kranken, zweijährigen Tochter Luise sein, möchte lesen und bei Ancillon Stunden nehmen, wozu sie Frau von Berg bereits um Vermittlung bat: «Sagen Sie ihm, daß er mit mir einen geschichtlichen Kurs durchmachen werde. Sagen Sie ihm, daß ich dumm bin, daß ich nichts weiß …» Sie hatte sich auch schon Notizen gemacht, die niemand zu sehen bekam: «Über den Nutzen des Studiums der Geschichte». Doch es war ihr nicht möglich, sich durchzusetzen.

Was sie brauchte, war eine Freundin, die nicht, wie die Berg und die Kleist, zwanzig Jahre älter war, auch nicht so fromm und verklemmt wie die Schwägerin Marianne. Sie habe immer eine Freundin gesucht, die ihr «auf dem Gebiete der Bildung und des Wißens» voranging, schreibt Friedrich Wilhelm, «aber sie fand dergleichen nicht». Briefe und Geschenke gehen an Elisabeth, die russische Zarin, die ihr ausnehmend gefällt. Sie möchte sie nach Berlin locken, lädt sie ein, Schloß Charlottenburg kennenzulernen: «Ich sitze auf einem Balkon vor meinen Fenstern und schreibe Ihnen bei göttlicher Wärme und dem köstlichen Geruch von tausend Fliedern ... Ich lasse mich malen für Sie, liebe Kusine ... Bis jetzt scheint der Mann, obwohl er im Kleinen malt, im Großen zu sehen, denn mein Kopf hat fast zwei Fuß Durchmesser.» Auch hier hat sich das Blatt gewendet. An Alexander bitte nur ein Gruß – schreiben werde sie ihm nicht!

Unausgeglichen? Krank? Fast deprimiert wirkt ihr Brief an Therese vom 7. Juni 1810. Die Schwester hatte zum Geburtstag ein Paket geschickt, das zugleich mit der Nachricht eintraf, ihr Lebensgefährte sei gestorben, Graf Lerchenfeld, mit dem Therese fünf außereheliche Kinder hatte. «Alles erträgt man; aber was das Herz bricht, wenn man es überlebt, so steht man doch als seine eigene Ruine da», antwortete Luise. «Ich fühle Deinen Schmerz treu mit ... Doch besser einen Edlen beweinen, als einen Schwachen – um nicht mehr zu sagen – bedauern oder verachten zu müssen.» Man weiß, an wen sie denkt. «Ja, es gibt Wunden, die unheilbar sind ... Meine Seele ist grau geworden durch Erfahrungen und Menschenkenntnis, aber mein Herz ist noch jung ...»

So egoistisch Friedrich Wilhelm war – wenn es um eine Freude für Luise ging, konnte er sich auch überwinden. «Er ist mir gegenüber unverändert, und seit seinem Unglück ist er sicher achtungswürdiger als je», schrieb Luise im Juni 1810 ihrer Großmutter, hatte sich aber am gleichen Morgen schon bei ihm selber beschwert: «Ich will nicht der Sündenbock von Ihro Majestät seyn ...»

Die Freude, mit der Friedrich Wilhelm diesmal aufwartete, bestand in einer Fahrt nach Neu-Strelitz. «Bester Päp! Ich bin tull und varucky! Eben diesen Augenblick hat mir der gute, liebevolle König die Erlaubnis gegeben, zu Ihnen zu *kommen*, bester Vater!» Eine ganze Woche lang – «Halleluja! Mit Gottes Hilfe so wird alles geschehen ... Ich glühe vor Freude und schwitze wie ein Braten – Gott wie freue ich mich. Nein, ich kann es gar nicht beschreiben ... Ich bitte tausendmal um Verzeihung über das Geschmier, bin aber tull und varucky und Ihre ergebenen Tochter Luise.» Wieder die Kindersprache. «Tull und varucky» – toll und verrückt – war ihr Ausdruck geschwisterlicher Vertrautheit. Friederike antwortete umgehend. «Tull, vull und Varrucki bist Du nicht allein, bester Engel aller Engel, denn ich bin es auch ...»

Den Tag vor der Abreise verbrachte die ganze Familie in Charlottenburg. Hermann von Boyen hörte noch, wie sie bei Tisch von der Reise erzählte – «in der Fülle der Gesundheit und des augenblicklichen Frohseins». Mit einem weißen Basthut auf dem Kopf zog die Königin, vergnügt wie lange nicht, die Blicke der Spaziergänger auf sich; der König folgte ihr, «nie war sie schöner als heute, ein neuer Strohhut stand ihr allerliebst». Ein Beweis, wie blond ihr Haar tatsächlich war, tauchte ganz unerwartet im Preußischen Geheimen Staatsarchiv auf – dort liegt, in ein doppelt gefaltetes Briefpapier hineingeschoben, das einzige unvergängliche Relikt ihrer lebendig gewesenen Schönheit, eine lange, hellblonde Haarsträhne, von blauem Band gehalten.

Am 25. Juni 1810 früh um sechs Uhr «erschien sie noch vor meinem Bett», berichtet Friedrich Wilhelm, «um Abschied von mir zu nehmen – und nie wiederzukehren!» Mit den Hofdamen Gräfin Voß und Berta von Truchseß reiste sie ab. Auf der Freitreppe des Schlosses von Neu-Strelitz erwarteten sie die Großmutter, die Brüder und Friederike, reizend wie immer, neben dem unglücklichen Prinzen Solms, von dem sie sich vier Jahre später trennte, um den Herzog von Cumberland zu heiraten, an dessen Seite sie zur Königin von Hannover werden sollte.

Noch am gleichen Abend schrieb Luise ihrem Mann, wie glücklich sie die Reise mache. Nachschrift: «Habe die Güte und sage der Reinbrecht, sie soll mir den weißen Basthut schicken, den ich gestern aufhatte … komme gesund an, mein lieber Freund! Der Sand vor Oranienburg und vor Fürstenberg übersteigt alle Vorstellung und alles Erlaubte, und ein Staub! fürchterlich!» Drei Tage später traf der König ein, Luise führte ihn durch das Schloß, und als sie auf dem Schreibtisch des Vaters einen leeren Briefbogen sah, schrieb sie im Vorübergehen einen Gruß – «Mein lieber Vater! Ich bin sehr glücklich heute als Eure Tochter und als die Frau des besten Gatten! Neu Strelitz den 28. Juni 1810. Louise» – die letzten Zeilen, die sie schrieb.

Die Rückfahrt war für Montag angeordnet,

aber Luise bat um Verlängerung. «Abschlagen mocht ich es nicht», sagt Friedrich Wilhelm, «verstellte mich aber und versteckte mich unter der Gartentreppe, wo sie mich lachend herausholte und ich mich ergeben mußte!» Man lernt einen König kennen, der, anders als in Berlin, sorglose Stunden mit der Familie seiner Frau verbringt, auf einem Rasenplatz unter alten Eichen. «*Fressaille* will er nicht, aber Thee und *dicke Milch* und Butterbrot in Hohenzieritz», hatte Luise angeordnet, übrigens sei nur *ein* Zimmer nötig, da der König sich bei ihr am wohlsten fühle.

Der geplante Ausflug nach Rheinsberg konnte nicht stattfinden. Luise erkrankte: Fieber, Kopfschmerzen, Husten – der Arzt ihres Vaters mit dem ehrwürdigen Namen Hieronymi zeigte sich nicht besorgt. («Wir bringen keinen Arzt mit», hatte sie auf die Briefrückseite gekritzelt, «wenn ich den Hals breche, so klebt mir ihn Hieronymi wieder an.») Geheimrat Heim brachte die Diagnose: Lungenentzündung. Dann aber stellten sich zusätzlich Kreislaufstörungen ein, Brustkrämpfe, Atemnot. Die Hilflosigkeit der Ärzte dokumentiert das Tagebuch der Gräfin Voß. «13. Juli 1810. Die arme Königin hat immer noch Fieber, man setzte ihr Blutegel, und sie verlor sehr viel Blut; das dauerte fast sechs Stunden ...» Luise erlitt mehrere Ohnmachtsanfälle.

Nun empfahl auch Heim dem König, sofort zu kommen, eine Nachricht, über der Friedrich Wilhelm die Fassung verlor. «Ich war wie wahnsinnig und wollte mir doch äußerlich nichts merken lassen ...» Selbstdisziplin hielt ihn auch diesmal aufrecht. Hardenberg erwartend, saß er im Schloß Charlottenburg, schrieb auf ein leeres Blatt: «Mit Beben denke ich an das Wiedersehen. Gilt es Leben oder – Tod. Oh! Nein, nein ... wenn wir nur beisammen bleiben, dann ergehe über uns was Gottes Wille ist. Amen! Ch 18. Juli 10.» Am Nachmittag fuhr er mit den Söhnen Fritz und Wilhelm nach Hohenzieritz. «Wie erschrak ich, als ich sie bereits durch die heftigen anhaltenden Krämpfe und anderen Leiden äußerst verändert aussehend fand. Sobald sie mich gewahr wurde, war ihr die lebhafteste Freude in den Gesichtszügen zu lesen. ‹Lieber Freund, – gut, daß Du wieder da bist, es ist doch besser, beyeinander zu seyn, es ist doch mehr Trost.› Zugleich küßte sie mich zu verschiedenen Malen, mit der herzlichsten Inbrunst und Lebhaftigkeit mich an ihr Herz drückend ...»

Luise selbst glaubte, daß die Anfälle vorübergehen würden wie früher schon, sie bat Friederike und Frau von Berg, ihre Arme mit warmen Servietten zu reiben und freute sich, daß die Söhne mitgekommen waren. Als Friedrich Wilhelm sie nach ihren Wünschen fragte, antwortete sie: «Mach mir nicht so eine Szene und bedaure mich nicht, sonst sterbe ich.» Er brach das Gespräch ab, «bei dieser Gelegenheit küßte sie mich zum letzten Male mit dem Munde mit der größten Zärtlichkeit ... ‹Du bist mein einziger Freund, zu dem ich Zutrauen habe›, sagte er – ‹und Hardenberg›, fiel sie ein.» Es ist bezeichnend, daß Luise auch jetzt nur an ihren Mann dachte. In der Nacht hatte sie dem Arzt mit dem Finger gedroht: «Bedenken Sie, wenn ich dem König stürbe – und meinen Kindern!» Zu Friedrich Wilhelm sagte sie, nach Atem ringend: «Fürchte Dich nicht, ich sterbe nicht.»

Die Totenblässe nahm sichtbar zu, ihre Finger wurden eiskalt, Friederike behauchte ihre Hände, man erneuerte die Umschläge, doch

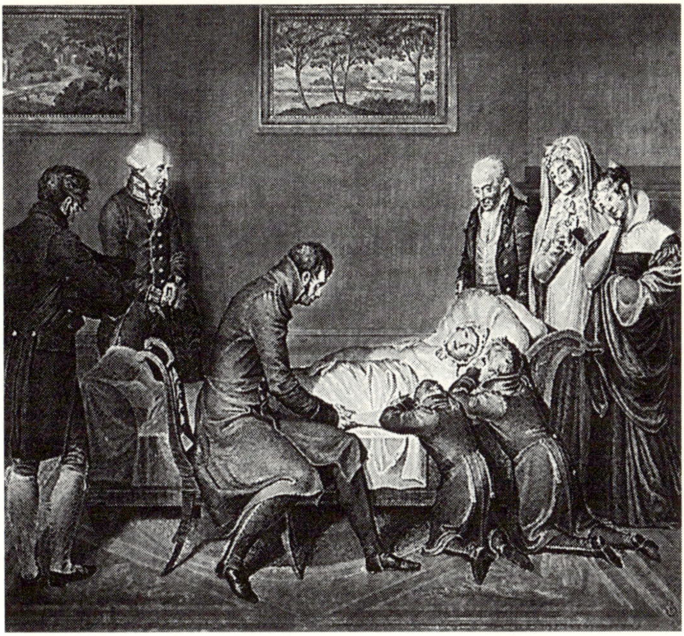

«Sie starb durch das Herz, sie, die nur darin lebte», so Marianne von Preußen, als sie von dem Tod der Königin erfuhr.

Am Sterbebett Luises in Schloß Hohenzieritz trauern am 19. Juli 1810 Friedrich Wilhelm und ihre beiden ältesten Söhne. Am Fußende Luises Vater mit ihrem Bruder Georg, am Kopfende Dr. Heim, die alte Oberhofmeisterin Gräfin von Voß und Luises treue Freundin Caroline von Berg.

die Krämpfe drohten sie zu ersticken, der Angstschweiß brach aus, «Herr Jesus mache es kurz», rief Luise, dann starb sie. Es war neun Uhr morgens, am 19. Juli 1810. Eine Stunde später kamen die Kinder Charlotte und Karl, sie suchten im Park weiße Rosen für die tote Mutter. «Ach, das Schluchzen und Weinen des unglücklichen Königs, der Kinder und Aller, die umher knieten, war schrecklich …» Die Voß weinte auch. «Die Wege Gottes sind unerforschlich und heilig, aber sie sind furchtbar zu gehen.»

Die Obduktion der Leiche ergab «ein Geschwür in der Lunge, einen angewachsenen Lungenflügel und einen Polypen im Herzen». Der medizinische Befund sagt nichts darüber, wie geschwächt die Königin war. Zehn Schwangerschaften und ebenso viele Geburten, der Verlust von drei Kindern, Kriegs- und Exiljahre mit Flucht und Erkrankungen hatten ihre Widerstandsfähigkeit erschöpft.

«War ich bey ihr, so befand ich mich wohl.» Luises Tod tat ein übriges, die Schwermut des Königs noch zu verstärken. Seine abgehackten Sätze, die knappe Bemerkung «Ist mir fatal!» wurden

Der Bildhauer Christian Daniel Rauch schuf die wie im Schlaf ruhende, von einem Diadem gekrönte Gestalt Luises, wobei er «die Hoheit der Königin» mit den vertrauten Zügen «der geliebten Gattin» verbinden sollte. Im Charlottenburger Mausoleum, das der König selber entwarf und von Schinkel ausführen ließ, wurde Friedrich Wilhelm III. 1840 an ihrer Seite beigesetzt.

charakteristisch; andererseits behauptet Eylert, daß er lebhaft und lange sprach, wenn er interessiert war, «das Abgebrochene seiner Redeweise hörte dann auf». Doch selbst der Kriegsminister von Boyen bemerkte seine seelische Vereinsamung – «und wenn die Verschiedenheit der Charaktere zuweilen auch einzelne Mißtöne erzeugte», sei die Ehe doch glücklich gewesen. *(«Sie hat mit meinen Schwächen vorlieb genommen, ich ihre Schwachheiten ertragen, denn wer hätte deren nicht …»)*

Am 23. Dezember 1810, siebzehn Jahre nach ihrer Ankunft in Berlin, wurde Luises Sarg aus dem Dom nach Charlottenburg überführt. «Überall, unter allen, allen Verhältnissen des Lebens fehlt sie mir. Mein ganzes irdisches Glück, das so manchen Stoß bereits erlitten hatte, ist vollends dahin. Mein Herz ist betrübt bis in den Tod», schrieb der König an Marie von Kleist. Er sei nicht mehr fähig, sinnliche Freuden zu genießen, gestand er Marianne. «Der Hof hatte seinen Mittelpunkt verloren, wie die Familie des Königs ihre Seele.» Es zeigte sich, daß dem König die Ergänzung fehlte, die seine Erscheinung glänzend und liebenswürdig gemacht hatte. «Die kleinen, verwaisten Kinder, die nun überflüssigen Hofdamen, der ganze Hofstaat der Toten, alles stand vereinzelt und zwecklos da. Das einsame, freudenlose Leben des Königs wirkte auch auf seine Umgebung zurück. Es wurde immer stiller und glanzloser in der Berliner Welt», schreibt die Gräfin Schwerin in ihren Erinnerungen.

Die Befreiungskriege und der endlich errungene Sieg über Napoleon im Jahre 1813, der ganz Deutschland in einen Freudentaumel versetzte, konnten den König nicht begeistern, weil Luise fehlte, die sich mehr als er gefreut haben würde – das erklärte er Friederike. Er selbst sah sich «isoliert» und so vereinsamt, daß er die ersehnte Kapitulation von Paris am 29. März 1814, die Rückkehr der geraubten Quadriga auf das Brandenburger Tor, den Einzug preußischer Truppen in der französischen Hauptstadt, aus der Napoleon geflohen war, nur der alten Gräfin Voß mitteilen konnte. «Hurrah! Paris ist unser! ...» Triumphal zog an seiner Seite Zar Alexander in Paris ein. Die lebenslange Freundschaft wurde drei Jahre später durch die Vermählung der ältesten Tochter, Charlotte, mit Alexanders Bruder Nikolaj noch vertieft.

Erst 1824 heiratete Friedrich Wilhelm eine «teilnehmende, gebildete» Gefährtin, die dreißig Jahre jüngere dunkelhaarige Gräfin Harrach, zur Fürstin Liegnitz ernannt, von der er wünschte, daß sie ihn «wie eine Tochter» liebe und pflege. Zu seinen sieben Kindern hatte er zeitlebens ein gutes Verhältnis. Weder mit dem gegensätzlich veranlagten Kronprinzen, dem «Romantiker» auf dem preußischen Thron, noch mit Wilhelm, dem er die Heirat mit der geliebten Prinzessin Elisa Radziwill abschlagen mußte, gab es auf Dauer ernsthafte Differenzen. Als der König 1840 siebzigjährig starb, waren seine Kinder und Enkel – einschließlich des russischen Schwiegersohnes, der nach dem Tod Alexanders zum Zaren gekrönt worden war – vollzählig um ihn versammelt.

Als «einsamer Fürst» hielt Friedrich Wilhelm Einzug in die Romanliteratur seiner Zeit, ein Monarch, dem der reformerische Schwung abhanden gekommen war. Hoffnungen auf die lange versprochene Konstitution zerschlugen sich, ängstlich vermied der König alles, was eine Revolution, wie er sie in der Jugend erlebt hatte, herbeiführen könnte. Um Luise trieb er einen fast sentimentalen Kult. Er trug ihr Taschentuch bei sich, verweilte auf Reisen an den Orten, an denen er mit ihr gewesen war, stiftete an ihrem Geburtstag den Luisenorden und das Eiserne Kreuz. Er besuchte ihr Grab, bevor er in die Freiheitskriege zog, und besuchte es, als Napoleon besiegt und Preußen in seinen alten Grenzen wiederhergestellt war. Jahr für Jahr sah man ihn an ihrem Geburtstag das Mausoleum in tiefem Ernst verlassen. Er habe Glück, Liebe und Zufriedenheit gekannt, sagte er zu Marianne, geblieben sei ihm nur noch Pflichterfüllung – «allein ohne jene süßen, sympathetischen Gefühle ist doch alles nur kalt».

Literaturhinweise

Die in diesem Buch erstmals veröffentlichten Zitate werden im Text hervorgehoben; jene aus Briefen Luises an Friederike und Alexander I. stammen aus bisher unveröffentlichten Originalbriefen der Königin im Preußischen Geheimen Staatsarchiv Berlin, BPH, Rp. 49 T. I.

Die Briefe wurden nach folgenden Ausgaben zitiert:

Briefwechsel der Königin Luise mit ihrem Gemahl Friedrich Wilhelm III. 1793–1810. Hg. von Karl Griewank. Leipzig 1929.

Briefwechsel König Friedrich Wilhelms III. und der Königin Luise mit Kaiser Alexander I. nebst fürstlichen Korrespondenzen (Publicationen aus den Kgl. Preußischen Staatsarchiven 75), hg. von Paul Bailleu. Leipzig 1900.

Königin Luise. Briefe und Aufzeichnungen, hg. und erl. von Karl Griewank. Leipzig o. J. [1925]

Königin Luise von Preußen. Briefe und Aufzeichnungen 1786–1810. Hg. von Malve Gräfin Rothkirch. München 1985.

Grundlage des Buches bilden Lebenserinnerungen, Tagebücher und zeitgenössische Quellen:

Friedrich Wilhelm III. (1810): Vom Leben und Sterben der Königin Luise. Eigenhändige Aufzeichnungen ihres Gemahls König Friedrich Wilhelms III. Mitgeteilt u. erläutert von Heinrich Otto Meisner. Berlin / Leipzig 1926.

Eylert, Rulemann Friedrich: Charakter-Züge und historische Fragmente aus dem Leben des Königs von

Preußen Friedrich Wilhelm III. Gesammelt nach eigenen Beobachtungen und selbst gemachten Erfahrungen. 3 Bde. Magdeburg 1842–1846.

Friedrich August Ludwig von der Marwitz: Nachrichten aus meinem Leben, für meine Nachkommen. 1777–1808 [Berlin 1908].

Christian von Massenbach: Memoiren über meine Verhältnisse zum Preußischen Staat, insbes. zum Herzog von Braunschweig. Amsterdam 1809.

Luise Fürstin Radziwill: Fünfundvierzig Jahre aus meinem Leben (1770–1815). Braunschweig 1912.

Sophie Marie Gräfin von Voß: «Neunundsechzig Jahre am preußischen Hofe.» Aus Tagebüchern und Aufzeichnungen der Gräfin von Voß. Leipzig 1876.

Varnhagen von Ense, K. A., Denkwürdigkeiten und vermischte Schriften, hg. von L. Assing, Leipzig 1859.

Deutschland unter Napoleon in Augenzeugenberichten, hg. von Eckart Kleßmann. München 1965.

Biographien über Königin Luise: Caroline von Berg (1814), Paul Bailleu (1908), Tessa Klatt (1937), Karl Griewank (1943), Merete van Taack (1981), Heinz Ohff (1989).

Biographien über Friedrich Wilhelm III.: Karl Friedrich von Kloeden (1840), Eduard Vehse (1901), Wolfgang Stribrny (1981), Thomas Stamm-Kuhlmann (1992; mit ausführlicher Bibliographie).

Bildnachweise: Sämtliche Bilder des vorliegenden Bandes stammen aus dem Archiv für Kunst und Geschichte, Berlin. Ausgenommen sind die Porträts von Luise und Friederike (S. 79 und 85), die vom Bildarchiv Preußischer Kulturbesitz zur Verfügung gestellt wurden.

Personenregister

rororo großdruck

Fesselnde Lebensgeschichten und Unterhaltung mit Niveau: lesefreundlich in großer Schrift

Maria Frisé
Eine schlesische Kindheit
3-499-33187-X

Hans Gruhl
Liebe auf krummen Beinen
Roman 3-499-33195-0

Elke Heidenreich
Also ... Die besten Kolumnen aus «Brigitte»
3-499-33144-6

James Herriot
Der Doktor und das liebe Vieh
Roman 3-499-33185-3

P. D. James
Eine Seele von Mörder
Roman 3-499-33183-7

Ulla Lachauer
Paradiesstraße
Die Lebenserinnerungen der ostpreußischen Bäuerin Lena Grigoleit 3-499-33143-8

Familie Mann. Ein Lesebuch
Ausgewählt von Barbara Hoffmeister 3-499-33193–4

Petra Oelker
Das Bild der alten Dame
Roman 3-499-33189-6

Rosamunde Pilcher
Sommergeschichten
3-499-33163-2

3-499-33172-1

B 28/1